KB235466

뿌리깊은 인명이야기

신화와 성서가 낳은 인명으로 읽는 유럽 문화사

뿌리깊은 인명이야기

우메다 오사무 OSAMU UMEDA 지음

위정훈 옮김

파피에

EU시대, 유럽의 전체상을 보아야

독자 여러분께,

유라시아 대륙 서쪽에 있는 유럽 여러 나라들은 동북 아시아 나라들의 흥미로운 유사성과는 다른 측면을 가진 매력적인 문화를 키우고 있습니다. 각각의 나라들은 멋지고 개성적이어서, 우리들은 근대화 과정에서 많은 것을 배워왔습니다.

그러나, EU(유럽연합)가 실질적으로 움직이기 시작한 지금, 유럽 각각의 나라뿐만이 아니라, 전체적인 모습을 보려는 노력이 특히 필요해졌습니다. 유럽이 어떻게 형성되고, 어떻게 발전해왔는가, 그리고 그것이 오늘날의 여러 가지 문제에 어떻게 영향을 미치고 있는가 하는 관점입니다. 이 책은 각각의 나라의 특징을 보면서 동시에 유럽을 하나의 문화권으로 이해하려는 시도의 하나입니다.

유럽세계의 형성과 그 문화를 보려고 할 때, 사람 이름은 재미있는 단면입니다. 그리스, 히브리, 라틴, 게르만, 켈트, 슬라브의 여

러 문화를, 시사적으로 풍부한 모양을 그리는 융합체가 되어 있는
모습을, 풍부한 일화와 함께 실감할 수 있기 때문입니다.

이 책이 한국어로 옮겨지다니 정말로 기쁩니다. 우리들은 다양
한 것들을 통해 한국문화의 혜택을 받고 있습니다. 아주 조금이지
만 은혜갚음이 될 수 있는 건 아닌가 생각하니 즐거워집니다.

많은 분들이 읽어주시길 바라며.

우메다 오사무

처음에

유럽 사람들 이름은 대부분, 1천년에 이르는 역사를 살아남아온 것입니다. 그 가운데는 문명의 원류에서부터 전해오는 것도 있습니다. 그 긴 역사의 무대에서 수많은 부족과 민족의 교류와 흥망이 있었습니다. 그리고, 그들의 교류나 흥망에 따른 다이내믹한 문화의 움직임과 함께 이름은 퍼져나가고, 바뀌어가면서, 다양한 '표정'을 더해왔습니다. 현대 유럽 사람들의 이름은 각각 문화의 중층성(重層性)과 그 중층성에 의해 깊어진 풍부한 캐릭터를 갖고 있습니다. 이 책은 유럽 사람들의 전통적인 이름의 어원과 유래를 더듬어가면서 이름이 갖는 캐릭터와 이미지, 그리고 '표정'을 드러내기 위해 쓴 것입니다.

유럽 사람들 이름은 일반적으로 세례명으로, 그리스도교적입니다. 그리스도교는 메소포타미아에 뿌리를 둔 유대교를 모체로 헬레니즘 문화의 강한 영향을 받아 태어난 종교입니다. 그리스도교 성전인 신약성서는, 기원 1~2세기 당시 동지중해의 가장 유력한 국제어였던 코이네라 불린 그리스어로 쓰였습니다. 신약성서에 나타난 사상이나 인물은, 히브리즘에 그리스 신화의 고전사상과 인물상이 겹치면서 태어난 것입니다.

그리스도교는 긴 박해시대를 거쳐 4세기 초에 로마제국의 콘스탄티누스 대제에 의해 공인된 뒤, 일종의 정치 이데올로기로서, 또한 사람들이 따르며 살아야 할 정신적 지주로서, 로마 제국의 정치적 거점에 퍼져갔습니다. 로마 제국이 쇠퇴해 멸망한 뒤에도 지중해 문화가 키운 그리스도교는, 켈트인, 게르만인, 슬라브인에게 차례로 받아들여지며, 그들을 '문명의 빛'으로 이끌었습니다. 그러는 동안에, 그리스도교 발전에 이바지했던 많은 사람들이 복음자나 사도와 함께 성인의 축에 끼이게 되었습니다. 그리고, 사람들이 의지할 수호자로서, 삶의 모델로서 숭배되며 그들의 이름이 널리 쓰이게 되었고, 그들의 이름은 신화와 전설 등으로도 스며들어 풍부한 인물상이 덧칠해져 갔습니다.

한편, 게르만, 켈트, 슬라브 등 각각의 민족의 신화, 전설이나 역사에 등장하는 신들이나 영웅들의 많은 부분이, 그들 민족이 그리스도교를 받아들이는 데에 공헌했던 영웅이나 순교자의 인물상 안에 생생하게 재생되어 민족의식을 강하게 일깨우는 존재가 되었습니다. 민족주의는 역사의 고비마다 들끓었지만, 특히 18세기부터 20세기에 걸친 낭만주의적 민족의식이 높아진 가운데, 각 나라 고유의 신화나 영웅전과 그리스도교가 어우러져 만들어낸 건국의 영웅, 왕후귀족, 성인들의 이름이 높은 인기를 누렸습니다.

과학 전성시대에 태어난 현대인은 일반적으로 종교심이 엷어지고 민족이나 국가에의 귀속의식도 약해져가고 있습니다. 그러나, 프랑스 혁명을 계기로 근대 민족국가 건설을 향해 움직이기 시작했던 유럽은, 불과 반 세기쯤 전까지는 강한 종교심과 애국심에 사로잡혀 민족국가끼리 싸워왔습니다. 그리고, 그런 경향은 세계로 퍼졌습니다. 현대 유럽 사람들도, 그리고 우리들도 그런 저물어가는 민족주의 속에서 살아가며, 그 빛 속에서 다양한 가치관과 삶의 방식을 모색하고 있는 것입니다.

유럽 사람들 이름의 어원이나 유래를 더듬어보는 일은 유럽인의 발상과 가치관, 사회관의 존재방식을 더듬는 일이자 유럽인의 마음의 결을 더듬는 일이기도 합니다. 그것은, 또한 우리의 세계관 형성에 크게 역할을 다하는 일이기도 할 것입니다.

차례

2장 순교성인들에 숨어 있는 그리스 신화의 신과 영웅

5장 현대에 살아 있는 켈트의 로망

6장 북유럽과 비잔틴을 잇는 러시아

종교의 커다란 역할 · 이름에 보이는 스칸디나비아적인 러시아의 기원 · 그리스정교에 통제되었던 러시아인의 이름 · 슬라브의 샤를마뉴, 야로슬라프 현공 · 러시아의 첫 순교자 성 보리스와 글레브 · 러시아에 그리스정교를 받아들인 블라디미르

마치며

원서 범례

_ 인명 표기는 원칙적으로 관용적 표현에 따르고, 관용적 표기가 정해져 있지 않은 경우는 현지, 원어주의에 따랐다. 그리스어나 아라비아어 표기는 로마자화했다.

_ *표시가 붙어 있는 말은 재구성어(再構成語)로, 이론적으로는 존재했으리라 여겨지지만 실제로 존재했던 것이 증명되지 않은 말이다.

한국어판 일러두기

_ 본문의 인명 표기는 되도록 원서 표기에 따랐다.

_ 본문에 있는 상자 본문은 독자의 이해를 돕기 위해 원서에는 없는 것을 한국어판을 펴내며 삽입한 것이다. 상자 본문의 내용에 따른 책임은 한국의 출판사에 있다.

이름이 갖는 풍부한 세계

1.
이름에 담긴 사람들의 생각

빨간 머리 앤과 왕녀 앤

『빨간 머리 앤』 앞 부분에, 앤이 자기 이름은 -e가 있는 앤(Anne)이지 Ann이 아니라며 -e를 고집하는 장면이 있습니다. 앤의 말에 따르면 Ann은 '너무나 싫은' 이름입니다. Anne은 성모 마리아의 어머니라 여겨지는 안나(Anna : 은혜)에서 비롯됩니다. 프랑스어화된 Anne은 영국에서는 앤 여왕(Anne, 재위 1702~1714)을 시작으로 왕후귀족에게 전통적으로 인기 있던 이름으로 고귀한 이미지가 있었습니다. 그에 비해 -e가 없는 Ann은 『빨간 머리 앤』이 씌어진 20세기 초에는 Anne과 비교해 압도적으로 많았던 이름이자 서민적인 느낌을 주는 이름이었습니다.

주인공 앤은 사람들이 싫어하는 빨간 머리인데다 고아원 출신으로, 자신에게는 자랑거리가 아무 것도 없다고 느끼고 있습니다. 그래서 자기 이름은 -e가 있는 앤이라며 자신에게도 조금이나마 프라이드가 있음을 주장하는 것입니다. -e가 없는 Ann은 너무나 싫다는 것은 앤의 개인적인 감정이지만, 그렇게 말하면서 열심히 자신을 주장하는 앤에게서 씩씩한 자아를 가진 소녀의 애처러움이 느껴집니다.

영화 「로마의 휴일」에서 오드리 헵번이 연기한 유럽 어느 나라의 공주 이름은 -e가 없는 Ann입니다. 공주 이름을 감히 -e가 없는 Ann으로 정한 데에서 서민적인 공주를 그리려 한 작자의 의도를 느낄 수 있습니다. 또한, 빨간 머리 앤이 너무나 싫다고 하던 Ann을 기품있고 사랑받는 공주 이름으로 정한 데에서도 「로마의 휴일」에 흐르는 유머 한 자락을 느낄 수 있습니다.

숀 코네리의 스코틀랜드인 혼

제가 좋아하는 영화배우 가운데 숀 코네리(Sean Connery)가 있습니다. 그는 에딘버러 교외 태생으로 본명은 토머스 숀 코네리

「로마의 휴일」.

(Thomas Sean Connery)입니다. 토머스(Thomas)에는 잉글랜드적인 울림이 있습니다. "Tom, Dick, and Harry"는 "누구나", "게나 고둥이나"라는 뜻입니다. Tom은 Thomas의 애칭형이고 Dick과 Harry는 각각 Richard와 Henry의 애칭형입니다. 이 표현은 이 세 가지 이름이 잉글랜드에서 가장 전형적인 이름이었음을 뜻합니다.

잉글랜드적인 토머스에 비해 그의 미들 네임 숀(Sean)에는 스코틀랜드적인 울림이 있습니다. 숀은 프랑스어 이름 장(Jean)에서 변화한 이름으로 영어명 존(John)에 해당합니다. 일반적으로 세례 요한의 영향을 받았다고 여겨지는 이 이름은 그리스도교권의 모든지역에서 가장 인기 있는 이름으로, 잉글랜드에서 John이 전형적인 남성명이라면 Sean은 스코틀랜드에 많은 남성명입니다. 그렇게 보면 잉글랜드적인 토머스나 존이 아닌 스코틀랜드적인 숀을 예명으로 쓰고 있는 데에서 그의 스코틀랜드인 혼을 느낄 수 있지요.

숀 코네리의 숀도, 성인 코네리(Connery)도 원래는 아일랜드적인 이름입니다. 숀(Sean)은 아일랜드에서는 션이라 발음합니다. 이 션을 잉글랜드에서는 Shane(셰인)이라는 철자로 썼습니다. 1953년에 만들어진 서부영화 「셰인」은 이 이름만으로 타이틀을 삼고 있는데, 그것은 이름 자체가 타이틀로 호소력을 갖고 있기 때문입니다.

본문에서도 이야기하겠지만, 이 이름에는 '대단히' 슬픈 아일랜드인의 역사가 암시되어 있습니다. 미국과 캐나다, 오스트레일리아 등 아일랜드계 이민이 많은 나라에서는 그 슬픈 역사를 떠올리면서 이 영화를 보았을 것입니다.

Connery는 아일랜드 신화에 등장하는 늑대개 cu(쿠, 'wolfhound')
에서 파생한 이름으로 아일랜드에서는 전설 속 타라의 왕에서 비롯
된 성으로 여겨지고 있습니다. 아일랜드계 스코틀랜드인으로서의
그의 가계와 성에 관련된 이런 전설이, 숀 코네리의 삶의 방식에 커
다란 영향을 미치고 있는 부분이 있습니다. 숀 코네리는 차츰 스코
틀랜드 독립운동에 마음이 쏠렸고, 영국으로부터 스코틀랜드의 독
립을 지향하는 스코틀랜드 민족당(SNP)의 활동가로 알려지게 되었
습니다.

이스마엘과 에이허브 선장

허먼 멜빌의 소설 『모비딕』 첫머리에 화자가 "Call me Ishmael."
하고 자신을 소개하는 문장이 있습니다. 소설의 중요한 첫머리에

모비딕 미국의 소설가 H. 멜빌이 1851년에 쓴 장편소설. '이스마엘'이라는 화자
의 입을 빌려 전개된다. 이스마엘은 육지생활에 불만을 품고 고래잡이배 피퀘드호
에 승선하게 된다. 배에 오르기 전에 광인인 일라이저는 그들의 파멸적인 운명을 예
언한다. 선장 에이허브는 '모비딕'이라 불리는 머리가 희고 거대한 고래에게 한쪽
다리를 잃고 복수심에 불타 있다. 에이허브는 무리한 항해를 말리는 1등 항해사 스
타벅의 충고를 무시하고 모비딕을 쫓아 대서양에서 희망봉을 돌아 인도양으로, 또
태평양으로 집념에 찬 항해를 계속한다. 어느 날, 드디어 모비딕을 발견, 사흘 밤낮
의 사투 끝에 에이허브가 쏜 작살이 명중하지만 고래는 에이허브를 바다 속으로 끌
고 들어가버리고 피퀘드호도 침몰한다. 이스마엘은 죽음을 예견한 동료가 만들어두
었던 관을 타고 가까스로 살아남아 이 이야기를 전한다. 발표 당시에는 세간의 인정
을 받지 못했으나 20세기 초에 재평가되어 세계문학의 반열에 올랐다.

쓰인 이름 이스마엘은 무엇을 뜻하는 것일까요.

이스마엘은 구약성서 『창세기』에 나오는 이름입니다. 그는 헤브라이인의 태조 아브라함이 아내 사라의 여종인 하갈에게 낳게 한 아들입니다. 사라는 아이를 낳지 못한 채 90살이 되자, 아브라함이 대를 잇지 못할 것을 걱정해 남편에게 자신의 종 하갈과 잘 것을 권합니다. 그래서 태어난 것이 이스마엘입니다. 이 이름의 뜻은 '신은 들으셨다' 입니다. 아이를 갖고 싶은 바람과 고통스러운 고뇌를 신이 들어주셨음을 의미하는 이름입니다. 성서에서는 이름은 신이 주시는 것으로 되어 있는데, 그것은 또한, 신을 향한 부모의 감사의 마음을 나타낸 것이라고도 생각할 수 있습니다.

자, 아브라함의 후손을 잉태한 하갈은 거만해져 주인인 사라를 무시하게 됩니다. 사라는 고통과 분노로 하갈에게 심하게 대하고, 사라의 그런 대접을 견딜 수 없어진 하갈은 무거운 몸으로 사막으로 달아납니다. 그런 하갈에게 천사가 나타나 "아브라함의 집으로

구에르치노의
「하갈과 이스마엘의 추방」.

돌아가 아기를 낳고, 태어난 아기를 이스마엘이라 이름지으라. 신은 그대의 고통을 들으셨다. 너의 아기는 야생의 나귀처럼 되어, 모두를 거스를 것이다. 그리고 모든 사람들도 그를 거스르고, 그는 형제들과 맞서며 살 것이다." 하고 말합니다. 하갈은 천사의 권유에 따라 아브라함의 집으로 돌아와 사내아이를 낳습니다. 그리고, 드디어 신은 사라에게도 은총을 베풀어 사라는 아기를 잉태합니다. 이 아이가 이삭(Isaac)이며 아브라함의 정통한 후계자가 됩니다. 그리고 이스마엘은 하갈과 함께 추방됩니다.

"Call me Ishmael."의 배경에는 이런 이야기가 있는데, 이 이름에는 주위 사람들과 어우러져 살지 못하고 사회에서 떨려난 이단아, 말썽꾸러기라는 뜻이 있습니다.

『모비딕』은 신으로도 악마로도 여겨지는 거대한 고래와 그 고래에게 억누를 수 없는 증오와 대항의식을 갖고 싸움을 거는 에이허

아합과 엘리야　아합은 북부 이스라엘의 7대 왕이고, 엘리야는 이스라엘의 선지자이다. 아합은 왕비 이세벨이 시집오면서 들여온 가나안의 신 바알을 신봉해 엘리야의 강한 반발을 샀다. 엘리야는 아합의 우상숭배를 꾸짖으며, 신의 진노와 이스라엘의 3년 가뭄을 예언했다. 예언대로 3년 6개월 동안 가뭄이 계속되자, 엘리야와 바알의 선지자 450명과 아세라의 선지자 4백명이 송아지를 제물로 삼아, 진정한 신을 가리기 위해 갈멜산에 올라가 대결하였다. 바알과 아세라 선지자 850명이 정오가 지나도록 외쳤으나 아무 응답이 없었다. 이에 엘리야가 여호와를 부르자 불이 내려와 제물과 도랑의 물까지 모두 태워 버렸다. 아합은 그밖에도 탐내던 포도원을 빼앗기 위해 포도원 주인 나봇을 죽이는 등, 우상숭배와 악정으로 유명하다.

브 선장의 이야기입니다. 최후에는 에이허브는 물론, 이스마엘을 제외한 승무원 전원이 바닷속으로 끌려들어가고 맙니다. 이 이야기에는 이스마엘 이외에도 구약성서에 등장하는 인물 이름이 많이 쓰이고 있습니다. 에이허브(Ahab)는 우상숭배자로서 구약성서 『열왕기 상(上)』에 등장하는 이스라엘의 왕 이름입니다. 우상이란 유대·그리스도교에서는 사람들을 미혹시켜 파멸로 이끄는 '잘못된 길'을 상징적으로 뜻합니다. 흰 고래라는 '우상'과 그것이 상징하는 거대하고 불가사의한 힘에 사로잡힌 에이허브에게 이끌린 승무원은 파멸의 길을 가게 되는 것입니다.

또한, 『모비딕』에서 한 사람을 제외하고 전원이 사망하리라 예언한 남자의 이름은 일라이저(Elijah : 엘리야)인데, 엘리야는 아합(에이허브)에게 박해받았던 구약성서 최대의 예언자입니다. 그 일라이저의 예언에는 그것이 반드시 실현되리라는 불길한 무게감이 실려 있습니다.

2.
유럽인의 이름구성

퍼스트 네임

　퍼스트 네임은 자주 '크리스천 네임(Christian name)' '기븐 네임 (given name)' '퍼네임(forename)' 등으로 불리고 있습니다. 그리스 도교 전통이 강한 유럽에서 크리스천 네임이란 그리스도 교도라는 증거로서의 세례명입니다. 기븐 네임이란 태어났을 때나 세례 때 개인에게 '주어진' 데에서 이렇게 불리게 되었습니다. 미국에서 일 반적으로 쓰이고 있는 명칭이지요. Forename의 fore-는 '앞' 이라는 뜻의 접두사인데, '서 네임(성)' 앞의 이름이라는 뜻입니다. 한 단어 로도 쓸 수 있는 forename은 surname과 균형이 잘 맞아 제1명의 명 칭으로 가장 공식적으로 쓰이고 있습니다.

　유럽에서는 일반적으로 퍼스트 네임은 그리스도교의 성서인 바 이블(Bible)에서 유래하는 천사나 신도, 순교자 그밖에 다른 성인을 따서 짓습니다. 그러나 그들 이름은 더욱 거슬러올라가 비교하면 그리스도교를 받아들이기 이전의 신화나 영웅전설의 신들이나 영웅에서 유래하는 이름이었음을 알 수 있습니다. 그리스도교와 여러 민족의 신화와 전설이 겹치면서 녹아드는 방식에는 각각 차이가 있으며, 그것은 재미있는 문화적 양상이나 민족의식을 키워내고 있습니다.

이 책에서는 주로 퍼스트 네임을 다룹니다.

서 네임

서 네임은 성(姓)이자 가족명(family name)입니다. sur-는 '상위의'라는 뜻입니다. 실제로 한 줄 위에 씌어졌던 것이 그 명칭의 기원이라 여겨지고 있습니다. surname은 신분 높은 이가 일종의 타이틀로 사용했던 사실에서 19세기 무렵까지는 sirname이나 sirename이라 쓰기도 했지만, 이 철자는 오늘날에는 쓰지 않게 되었습니다.

서 네임이 영국이나 프랑스에서 쓰이게 된 것은 봉건제도가 확립된 12세기 무렵입니다. 토지대장이 생기고, 봉건영지가 세습적으로 물려지게 되자 본인의 신분이나 친자관계를 명시하는 이름이 필요해졌던 것입니다. 또한 도시가 발달하고 인구가 밀집하고 관료제도가 발달함에 따라 제2명의 수요가 느는 것도 당연했겠지요.

북유럽 사람들은 미들 네임을 갖는 것이 일반적인데 그런 경우 서 네임을 라스트 네임(last name)이라 하기도 합니다. 미들 네임에 어머니의 결혼 전 성(maiden name) 등 보통 서 네임으로 통하는 이름이 쓰이는 경우가 많기 때문입니다. 다만, 아시아계인 마자르인

이 세운 나라인 헝가리에서는 성을 앞에 씁니다.

서 네임은 기원을 생각하면 당연하지만, 아버지의 이름에 자식임을 나타내는 말인 부칭사(父稱辭)를 붙인 것이 많습니다. 영어는 존슨(Johnson)이나 윌리엄스(Williams)의 -son이나 -s가 가장 일반적인 부칭사입니다. 안델센(Andersen)이나 한센(Hansen) 등의 -sen은 스칸디나비아계이고, 멘델스존(Mendelssohn)의 -sohn은 독일계입니다. 곤잘레스(Gonzalez)의 -ez는 스페인계, 맥도널드(MacDonald)나 매카트니(McCartney)의 Mac-이나 Mc은 스코틀랜드나 아일랜드계입니다.

오닐(O'Niel)이나 피츠제럴드(Fitzgerald)는 아일랜드인에게 많은 이름인데, O'-나 Fitz-도 부칭사입니다. Fitz-는 라틴어에서 기원한 부칭사로, 노르만인이 잉글랜드에 갖고 들어왔지만, 오늘날에는 존 피츠제럴드 케네디(John Fitzgerald Kennedy)의 예에서 보이듯이 아일랜드계 성에 많은 부칭사입니다.

러시아의 경우는 제2명이 부칭명입니다. 예를 들어, 동서 냉전 구조를 깨뜨리는 데에 역사적인 공헌을 했던 고르바초프(Mikhail Sergeyevich Gorbachev)의 이름 전체의 뜻은 '고르바초프가(家)의 세르게이의 아들 미하일' 입니다.

부칭사에는 이밖에도 그리스어 이름 페트로폴로스(Petropoulos : 페트로의 아들)의 -poulos 등 여러 가지가 있는데, 이렇게 보면 대강 출신국을 상상할 수 있어 편리합니다.

직업 · 출신지 · 지위 등을 가리키는 성

중세의 도시생활자는 각자가 생활에 필요한 직업을 갖고 길드에 가입해 있었습니다. 시골에서도 직업 자체가 세습적으로 전해졌기 때문에 직업명이 성이 된 것이 많았습니다. 스미스(Smith : 대장장이), 테일러(Taylor : 양복장이), 밀러(Miller : 방앗간), 태너(Tanner : 무두질장이), 부처(Butcher : 정육점) 등이 그 예입니다. 이런 직업은 유럽 어디를 가도 있었습니다. 가장 전형적인 직업명 스미스를 예로 들면, 슈미트(Schmidt)는 독일어, 코바르스키(Kowalski)는 폴란드어, 파라리(Farrari)는 이탈리아어, 에레라(Herrera)는 스페인어로 각각 '대장장이' 라는 뜻의 성입니다. 이들은 그 나라 사람임을 상징적으로 나타내는 이름으로 이야기에도 자주 등장하곤 합니다.

또한, 서 네임은 출신지나 소유지에서 유래하기도 합니다. 영어의 성을 예로 들어보면, 노튼(Norton), 버킹엄(Buckingham), 노스롭(Northrop), 셸비(Shelby) 등은 지명에서 비롯됩니다. -ton, -ham, -thrope, -by는 모두 '마을(village)' 이나 '개척지' (settlement)라는 뜻의 어미입니다. -ton이나 -ham은 앵글로색슨적인 지명이고, -thrope이나 -by는 바이킹적인 지명입니다. 앞의 그룹은 앵글로색슨인의 세력이 강했던 잉글랜드 남부에, 뒤의 그룹은 바이킹의 영향이 강했던 잉글랜드 북부에 많은 지명입니다.

잉글랜드는 앨프리드 대왕(재위 871~899) 시대에 동북부의 데븐인(바이킹)과 남서부의 색슨인이라는 세력권이 생겼고, 때문에 링컨이나 요크를 중심으로 하는 동북부에는 바이킹계 지명이 많고, 남

서부에는 색슨계 지명이 많습니다. 햄프셔의 윈체스터(Winchester)
나 요크셔의 동커스터(Doncaster)의 -chester나 -caster는 모두 로마
의 요새(castra)를 중심으로 만들어진 도시인데, -chester는 색슨적이
고 -caster는 데븐적인 변화형입니다. 조금 상세한 잉글랜드 지도를
펼쳐 확인하면 색슨적인 지명과 데븐적인 지명의 분포를 잘 알 수
있을 것입니다.

오늘날은 사람의 이동이 빈번하고 장거리를 건너는 인종의 교류
도 훨씬 활발하기 때문에 지명에서 유래하는 성과 사람의 출신지가
언제나 연결되지는 않습니다. 그러나, 출신지와 성의 관계는 오늘
날에 더욱 흥미깊은 소재를 제공해줍니다.

성은 또한 사회적 지위를 나타내고 있는 경우가 있습니다. 독일
어의 폰(von)이나 네덜란드어의 반(van), 프랑스어의 드(de)는 일반
적으로 귀족 출신임을 나타내고 있습니다. 괴테(Johann Wolfgang
von Goethe)나 드골 대통령(Charles André Joseph Marie de Gaulle)
이 그런 예입니다.

또한 영국의 스탠리(Stanley)나 스탠퍼드(Stanford), 스웨덴의 토
르룬드(Thorlund), 독일의 힌덴부르크(Hindenburg) 등의 -ley(숲 속
에 펼쳐진 풀밭), -ford(건너는 곳), -lund(숲), -burg(산성)는 모두 토
지를 뜻하는 어미인데, 이것들은 그 토지의 소유자, 즉 자유농민이
나 장원주를 뜻하는 이름인 경우가 많고, 대개는 부칭사인 -son, -s,
-sen, -sohn보다 자신이 높음을 나타내는 성이었습니다.

롱(Long), 숏(Short), 브라운(Brown), 블랙(Black), 화이트(White),

 뿌리깊은 인명이야기

잉글랜드 지도. 앵글로색슨의 세력이 강했던 남부는 -ton, -ham, -chester 등 앵글로색슨적인 지명이 많고, 바이킹 세력이 강했던 북부는 -thrope, -by, caster 등 데븐적인 지명이 많다.

스트롱(Strong) 등은 별명(nickname)에서 유래한 성입니다.

영국에서 많이 볼 수 있는 성인 모리스(Morris)는 노르만인에 의해 영국에 스며든 이름입니다. 이 이름의 유래는 몇 가지가 있는데, 거무스름한 피부의 사람에 대한 별명이었다는 설이 유력합니다. 그 경우 어원은 라틴어의 시어 maurus(검다)이며, 아프리카 서북부 주민을 뜻하는 무어(Moor)도 같은 어원의 말입니다. 셰익스피어 비극의 주인공인 오셀로가 무어인이지요. 한편, 모리스는 아프리카에도 많이 있는 성이어서 아프리카계 미국인에게도 자주 쓰이는 성이 되었습니다.

이처럼 부칭명, 직업명, 지명, 별명 등이 성의 주된 원천입니다. 이들 이름은 퍼스트 네임으로는 별로 쓰이지 않습니다. 그러나, 퍼스트 네임이 성으로 쓰이는 일은 자주 있었는데, 미국의 소설가 헨리 제임스(Henry James, 1843~1916)의 제임스나 웨일스의 시인 딜런 토머스(Dylan Marlais Thomas, 1914~1953)의 토머스는 퍼스트 네임이 성으로 쓰인 예입니다.

제 동료 가운데 루이지애나 태생인 버질 딕슨 모리스(Virgil Dixon Morris)라는 선생이 있었습니다. 모리스는, 같은 이름을 가진 성인(聖人)이 몇 명인가 있었던 것을 보면 이름으로도 성으로도 쓰이고 있습니다. 그래서, 버질 딕슨 모리스(Virgil Dixon Morris)가 모리스 버질 딕슨(Morris Virgil Dixon)이 되든, 딕슨 모리스 버질(Dixon Morris Virgil)이 되든 미국 사람 이름으로는 별로 위화감이 없습니다. 사실, 모리스씨에게 발행된 수표에 이름이 잘못되어 모

리스 V. 딕슨(Morris V. Dixon)이나 딕슨 V. 모리스(Dixon V. Morris)
등이 된 적도 많았다고 하더군요.

미들 네임

본론에서도 쓴 대로 고대 로마의 귀족들은 3개, 4개, 또는 그 이
상의 이름을 갖고 있었습니다. 성인의 가호를 염원하며 이름을 붙
이는 관습이 강했던 중세에는 두 명의 성인명을 붙이는 것도 유행
했습니다. 존 폴(John-Paul)이나 장 자크(Jean-Jacques)가 그 예이지
요. 왕후귀족 등은 가계나 통치영역에 대한 배려에서 몇 개나 되는
이름을 갖는 것이 보통이었습니다. 현 영국 황태자(Prince of Wales)
의 이름은 찰스 필립 아서 조지(Charles Philip Arthur George)입니
다. 필립은 아버지의 이름이고, 찰스는 원래 스코틀랜드적이며, 아
서는 웨일스적, 조지는 잉글랜드적인 이름입니다.

특히 많은 이름을 갖고 있는 것으로 알려진 사람이 화가 피카소
인데, Pablo, Diego, José, Francisco de Paula, Juan, Nepomuceno,
María de los Remedios, Crispín, Crispiano de la Santísima Trinidad,
Ruiz y Picasso(파블로, 디아고, 호세, 프란시스코 데 파울라, 후안,
네포무세노, 마리아 데 로스 레메디오스, 크리스핀, 크리스피노 데
라 산티시마 트리니다드, 루이스 이 피카소)가 그의 풀 네임입니다.
이것은 불편하기 때문에, 대개는 파블로 피카소로 통하고 있습니
다. 스페인에서는 아버지쪽 성과 어머니쪽 성을 나란히 쓰는 관습
이 있는데, 루이스 이 피카소(Ruiz y Picasso)는 '루이스와 피카소'

라는 뜻입니다. 루이스 피카소(Ruiz Picasso)처럼 이(y)를 생략하기도 합니다. 화가 피카소는 그의 제1명 파블로와 리듬이 어울리는 어머니쪽 성을 즐겨 썼습니다.

영국에서는 종교개혁 때에 성인의 이름을 너무 많이 쓰는 데 대한 반성이 일어났습니다. 그래서 『권리청원』(1628년)을 기초해 영국 헌법의 주춧돌을 만든 코크(Sir Edward Coke, 1552~1634)가 개인의 이름에 쓰는 성인명을 하나로 해야 한다고 주장하기도 해서, 퍼스트 네임과 서 네임의 두 개의 이름을 갖는 것이 일반적인 관습이 되었습니다. 같은 세대 사람들인 필그림 파더스(Pilgrim Fathers)의 이름을 보아도 미들 네임을 갖고 있는 사람은 없습니다. 또한 미국 독립의 공로자 조지 워싱턴(George Washinton), 벤자민 프랭클린(Benjamin Franklin), 토머스 제퍼슨(Thomas Jefferson) 등에게도 미들 네임은 보이지 않습니다.

미국에서 미들 네임이 일반적이 된 것은 18세기 후반에서 19세기에 걸쳐서인데, 독일이나 프랑스 그밖에, 유럽 여러 나라로부터의 이민이 늘어남에 따라 그들 나라에서의 관습이 섞인 것에서 영향을 받고 있습니다. 처음에는 어머니의 결혼 전 성(maiden name)이 미들 네임으로 자주 쓰였습니다.

앞서 말한 동료 모리스씨의 미들 네임인 딕슨(Dixon)은 그의 할머니의 결혼 전 성이었습니다. 모리스씨와 특히 친한 사람들은 그를 딕(Dick)이라 부르고 있습니다. 그것은 미들 네임인 딕슨(Dixon)의 단축형입니다. 그의 아버지가 버질(Virgil)이니, 그는 버질 딕슨 모리스 주니어(Virgil Dixon Morris, Jr.)가 되지요. 아버지와 아들을 구별하기 위해서 주변 사람들이 그를 딕이라고 부르게 되었다고 합니다.

또한, 모리스씨의 퍼스트 네임인 버질은 고대 로마 최고의 시인인 베르길리우스(Vergilius)의 영어형입니다. 이 이름은 특히 1800년대 중반 무렵에 미국에서 인기가 생겼습니다.

당시 미국은 신대륙에 옛 로마 제국 같은 대제국을 건설하는 것은 신이 부여한 명백한 운명(Manifest Destiny)이라며 텍사스 획득에 적극 나서고 록키산맥에서 태평양 연안에 이르는 지역도 획득하려는 의지에 불타고 있었습니다. 버질은 그런 19세기 중반 무렵부터 20세기까지 미국에 두드러졌던 서구 고전에의 동경 속에서 인기가 생겼던 이름입니다. 그런 의미에서 버질은 미국의 내셔널리즘을 반영한 이름이라고 말할 수 있습니다. 이 이름은 오늘날에는 고풍스러운 이름으로 여겨지고 있습니다.

여성의 미들 네임의 경우는 Betty Ann Smith처럼 개인명을 미들 네임으로 쓰는 일이 많이 있습니다. 그것은 할머니 이름이나 큰어머니(또는 작은 어머니) 이름, 또는 당시 히로인의 이름 등으로 선택의 폭은 넓었던 듯합니다. Betty는 엘리자베스(Elizabeth)의 애칭인데 이 이름을 가진 여성이 많았기 때문에 Betty-Ann을 통상적인 이름으로 삼은 사람도 있습니다.

3.
이름 속의 유럽사

최근 일본 여성 사이에게는 후미코(文子)라든지 치요코(千代子)와 같이 코(子)로 끝나는 이름을 가진 이가 적어지고, 사유리, 에리, 마리처럼 음만으로는 영어로도 일본어로도 통할 수 있을 듯한 이름이 유행하고 있습니다. 이런 변화는 요즈음의 한 세대 사이에 일어난 일입니다.

이름이란 이렇게 세대마다 변화가 보이는 것이라, 유럽인 이름의 유행을 보면 세대별 변화와 함께 몇 백 년 간격으로 일어났던 유행의 커다란 물결을 볼 수 있습니다. 서구를 예로 들어보면, 얼추 잡아 그리스도교 이전(10세기 무렵까지), 십자군 시대(11세기부터 14세기 무렵까지), 종교개혁 시대(15세기부터 17세기 무렵까지), 시민혁명에서 민족주의 시대(18세기 무렵부터 20세기까지) 등에서 그런 물결을 볼 수 있습니다.

그리스도교 전의 게르만인의 이름

유럽의 그리스도교화는 로마 시대부터 시작되었지만, 그리스도교 성직자가 아닌 일반인들은 11세기 무렵까지 게르만 신화의 신들이나 영웅을 딴 이름을 썼습니다. 주술적 신앙을 갖고 있던 사람들은 그런 이름을 붙임으로써 신이나 영웅들의 특성을 인간이 가질 수 있다고 생각했던 거죠. 예를 들어 버나드(Bernard)의 Bern-은 '곰', -ard는 '강하다(hard)'는 뜻입니다. 곰은 북유럽에서는 백수의 왕이자 흉포함과 왕자(王者)다운 풍격의 상징이기도 했습니다.

곰은 힘, 우뢰, 풍요의 신인 토르의 성스러운 동물이었는데, 대이동시대를 맞아 전쟁과 승리의 신인 오딘 신앙이 유행하자 '오딘의 전사'들은 곰가죽을 뒤집어쓰고 전쟁에 나갔다고 합니다. 그런 전사들은 베르세르커(berserker : 곰가죽을 뒤집어쓴 전사)라 불렸으며 흉포한 전사로서 두려움의 대상이었습니다. Bernard란 '곰처럼 강하다'는 뜻의 이름으로, 베르세르커처럼 강한 전사가 되기를, 그리고 그런 전사에게 보호받기를 기원하며 붙여진 이름입니다.

게르만에서 기원하는 이름은 오딘 신앙에서 유래하는 이름이 압도적으로 많아 대이동시대에서 바이킹 시대까지의 게르만의 가치관이나 신앙의 존재방식을 미루어 짐작할 수 있습니다.

게르만 정신과 그리스도교 문화가 융합한 십자군 시대

그리스도교 시대가 되자 요한(John), 마태(Matthew), 루카(Luke), 마르코(Mark), 베드로(Peter), 파울로(Paul), 야곱(Jacob), 스테파노

(Stephen), 마리아(Maria), 마르가리타(Margaret), 카테리나(Catherine) 등 복음자, 사도, 순교자 등에 감화된 이름이 유행하고, 히브리, 그리스, 라틴 등 지중해의 여러 언어를 기원으로 하는 이름이 게르만인 사이에서도 쓰이게 되었습니다.

또한, 게르만계 이름은 게르만인에의 포교에 이바지했던 왕이나 사제, 수도원장 등에서 감화받은 이름으로 쓰이게 되었습니다. 예를 들면 게르만 신화에서 유래하는 버나드(Bernard)는 12세기 유럽 종교계를 지도하고 정치적으로도 커다란 영향력을 가졌던 성 베르나르두스(St. Bernardus, 1090~1153)에 의해 그리스도교적 이름으로 다시 태어났습니다. 성 베르나르두스는 청빈과 노동을 베네딕트파 계율의 원점으로 돌리고 실천하려 한 시토 수도회의 회장이었습니다. 그는 마리아 신앙을 발전시켜 사랑의 성인이라 불린 인물이기도 합니다.

성 베르나르두스　가톨릭 성인이자 프랑스 시토회의 수도사. 프랑스명은 베르나르이며, 베르나르두스는 라틴 이름이다. 디종 근교 퐁텐의 명문가 태생으로, 1112년에 시토회에 들어갔고, 1153년 클레르보에 대수도원을 세우고 원장이 되었다. 수도원 개혁자이자 설교자로 활동하며 유럽의 가장 영향력 있는 인사 중의 하나가 되어 통치자와 교황의 자문을 담당하기도 했고, 제2차 십자군의 필요성을 역설하기도 했다. 스콜라적인 문화보다는 수도원적인 문화를 지지하여 이성보다는 성서나 교부의 권위를, 논증보다는 기도를 강조하였으며, 신앙심에 넘친 많은 저서를 남겨 '감밀 박사'라는 칭호를 얻었다. 주요 저서로 『하느님에의 사랑에 대하여』, 『아가에 대한 설교』 등이 있다.

이렇게 보면, 예전에는 광포함의 상징이었던 이름이 사랑을 상징하는 이름으로 바뀌는 일도 있음을 알 수 있습니다. 그 성인에 감화받은 이름인 버나드는 오늘날까지 인기 있는 이름으로 쓰이고 있습니다.

윌리엄(William), 헨리(Henry), 프레데릭(Frederick), 앨버트(Albert) 등 오늘날 쓰이고 있는 게르만에서 기원한 이름은 대부분 왕, 수도원장, 사제, 그리스도의 전사로서 십자군에서 활약했던 기사 등에 감화받아 퍼진 이름입니다. 특히, 국왕이야말로 성스러운 존재라 생각했던 게르만인 사이에서는 국왕에서 따온 이름이 널리 유행했습니다.

종교개혁에 의한 유럽의 분열

종교개혁은 일종의 원리주의 운동이라 해도 좋을 운동이었습니다. 복잡해진 전례(典禮)를 폐기하고 성서 자체에서 구원을 찾으려는 경향이 강해졌습니다. 그리고 신교권에서는, 복음서에서 예수에게 그냥 '여자' 등으로 불리며 별로 높은 지위를 부여받지 못하고 있던 마리아 신앙이 부정되어 마리아에게 감화받은 이름은 인기가 급속히 쇠퇴했습니다. 또한 성서 외전 등 유래가 분명치 않은 전설에 의한 성인의 성스러움이 부정되어 그들 성인에 감화받은 이름 등도 인기가 없어졌습니다.

대신에 인명의 출처로 사람들은 구약성서에서 근거를 찾게 되었습니다. 아브라함(Abraham), 사라(Sarah), 라헬(Rachel), 엘리야

(Elijah), 사무엘(Samuel), 벤자민(Benjamin) 등이 그 한 가지 예입니다. 이들 이름은 청교도의 전통이 영향력을 갖고 있는 미국에서는 지금도 인기 있는 이름입니다.

청교도라면 메이플라워호로 신대륙으로 건너갔던 필그림 파더스들을 연상합니다. 그 배의 승선명부를 보면 가톨릭적 성인들의 이름을 피하게 된 청교도들이 그들의 진지한 신앙심을 나타내는 추상적인 단어나 자신들의 생각을 이름으로 쓰는 경향이 있었음을 알 수 있습니다. 휴밀리티(Humility : 겸허), 리졸브드(Resolved : 결의), 페러그린(Peregrine : 이경순례), 랭글링(Wrangling : 고투), 오셔너스(Oceanus : 대양) 등이 그런 예입니다.

이들은 모두, 아이들에게 붙여진 이름입니다. humility는 자신을 낮추는 것을 뜻하는 말인데, 이것은 신을 우러르고 자신을 신의 종으로 하겠다는 뜻입니다. peregrine은 pilgrim의 라틴어형입니다. 원래 '여행자'를 뜻하는 말이었지만, 되돌아가지 않을 각오로 먼 나라로 포교하러 가는 사람을 뜻하는 말로 쓰였습니다. 오셔너스는 신대륙에의 항해 중에 태어난 사내아이에게 붙여진 이름입니다. 거대한 대서양을 뜻함과 동시에, 그리스 신화의 대양의 신 오케아누스의 가호를 빌며 붙여진 이름이라 여겨지고 있습니다. 야단스러운 이름이지만, 커가면서 오셔너스 본인은 이 이름을 아주 마음에 들어했다고 하네요.

신교의 확대에 대항해서 구교권에서는 가톨릭 교회의 해이해진 기강을 바로잡기 위해 이탈리아 북부의 트리엔트에서 1545년부터

18년에 걸쳐 종교회의를 열었습니다.

그 종교회의에서는 "세례명은 훌륭한 성덕에 의해 그 이름이 성인목록에 기재되어 있는 사람 중에서 선택해야만 한다. 성인과 이름이 닮았다는 것은 각각의 개인에게 그 선덕과 성스러움을 본받으려 하는 자극을 줄 것이다. 또한, 세례받은 이가 자신의 모범으로 삼고 의지해 기도하는 성인은, 세례받은 이를 지키고 몸과 마음을 보살펴 줄 것이다."라는 공식 견해가 제시되었습니다. 종래의 명명 방식이 강조되고, 달력의 모든 날에는 그 날이 축일인 성인의 이름이 적혔습니다. 그리고 아이가 태어난 날이 축일인 성인의 이름을 세례명으로 많이 쓰게 되었습니다.

태어난 날이 축일인 성인의 이름을 붙이지는 않지만, 독일어에는 '이름의 날(Namens Tag)'이라 부르는, 자신의 이름과 닮은 성인의 날(이름의 날)에 파티를 여는 풍습이 있습니다.

구교권에서는 또한, 마리아 신앙을 옹호하려는 경향이 강해지고, 마리아는 가톨릭 교도라는 증거처럼 여겨져 여자는 물론 남자에게도 마리아라는 이름이 붙여졌습니다. 그런 경향은 스페인에 특히 강해, 남자도 제2명에 마리아를 썼습니다.

예를 들면 카르멘에게 농락당하는 돈 호세(Don José)의 본명은 호세 마리아(José Maria)입니다. 여성에게는 마리아 데 이사벨라(Maria de Isabella), 마리아 데 프란시스카(Maria de Francisca), 마리아 델 카르멘(Maria del Carmen) 같은 이름이 붙여졌습니다. 이런 경향은 크든 작든 오늘날까지 이어지고 있습니다. 그리고, 마리아

가 식별력없는 이름이 되었기 때문에 일상적으로는 이사벨라, 프란
시스카, 카르멘 같은 생략된 이름이 쓰이고 있습니다.

이름에 숨은 민족주의

이런 경향은 프랑스 혁명에 자극받아 높아진 민족주의(국민주
의) 풍조 속에서 다시 바뀝니다. 유럽의 민족주의는 계몽사상에 영
향을 받아 성해졌는데, 혁명 후의 나폴레옹 전쟁에 의해 황폐해진
지역에서 반 나폴레옹 운동으로서 발전했습니다. 그것은, 나폴레옹
이 주도한 범유럽적인 힘에 대항해 각 민족의 독자적인 전통문화나
정치체제를 기반으로 한 민족국가 건설을 향한 움직임이었지요.

그런 풍조 속에서 각 민족의 신화나 영웅전설에 등장하는 신들
이나 영웅에서 감화받은 이름을 붙이는 것이 유행했습니다. 영국에
서는 앨프리드(Alfred)나 아서(Arthur), 아일랜드에서는 브라이언
(Brain)이나 브리깃(Brigit), 독일에서는 루트비히(Ludwig)나 루이제
(Luise), 샤를로테(Charlotte) 등이 특히 인기 있는 이름이 되었습니
다. 이들 이름은, 각각 국가의 성립에 가장 크게 이바지한 역사 속,
신화 속 인물에서 감화받은 이름으로 풍부하게 인격화되어 사람들
의 애국심을 고취시키는 이름이 되었습니다.

이처럼 책을 읽거나, 영화는 보거나, 매일매일 유럽인이나 미국
인과 만나는 데 있어 이름에 대한 지식은 유럽인의 생각이나 마음
의 벽을 이해하는 데 없어서는 안될 한 가지라고 할 수 있습니다.

그럼 본론으로 안내해 드릴까요.

1장

구세주가 임재하는
유럽인의 마음

그리스도교는 로마가 지배하는 팔레스티나에서 난민 유대인들의 일파가 발전시킨 종교입니다. 그리스도는 유대인이 구해 마지않던 구세주였습니다. 구체적으로는, 예속민이었던 유대인에게 왕국과 자유를 부여했던 다비드(David)가 이미지화되었습니다. 그리고, 신앙상의 인물로서는 예수가 다비드의 '재래'로 여겨지고 예수는 죽음으로부터 부활에 의해 궁극의 자유와 안녕을 부여받은 구세의 주로 여겨졌습니다.

유대인의 신화전설적 역사서이자 성전인 구약성서는 구세주 출현의 예언의 서라 부를 만한 것이었습니다. 구약성서가 예언한 구세주를 예수라고 하는 그리스도교는, 성전으로 예수의 가르침의 증언을 모은 신약성서를 채용했습니다. 그것은, 당시 가장 유력한 국제어였던 그리스어로 씌어 있었습니다. 당연히 헬레니즘 문화의 영향을 강하게 받았습니다. 신약성서에는 그리스어 이름이나 라틴어 이름이 많이 등장합니다. 그러나, 대부분의 이름의 원류가 된 것은 구약성서입니다. 거기에는 그들이 믿었던 유일신 야훼의 가호를 비는 마음, 그들의 시조에 대한 존경과 애착이 강하게 느껴집니다.

또한, 교부시대가 되면 차츰 사랑의 종교로서의 그리스도교가 낳은 성모 마리아와 순교성인들이 커다란 뜻을 갖게 됩니다. 그들은 최후의 심판이 닥쳤을 때 신에의 중재를 청할 수 있는 가장 확실한 존재이자 삶의 방식의 모범이기도 했습니다.

이 장에서는 존(John), 예수(Jesus), 엘리자베스(Elizabeth), 마이클(Michael), 제임스(James), 메리(Mary) 등 성서에서 유래하는 이름에 어떤 배경이 있고, 그것이 오늘날 이름을 짓는 데에 어떻게 영향을 미치고 있는지 살펴봅시다.

1.
남자의 대명사
존

어니스트 존

영어명 존(John)은 전통적으로 가장 인기 있는 남성 이름입니다. 1620년에 신대륙으로 출발한 메이플라워호 승객은 102명이었고, 남성은 73명이었는데, 그 73명의 남성 중 20% 이상인 15명이 존이라는 이름을 갖고 있었습니다. 중세시대에는 더욱 인기가 높아 25%의 남성이 존이라는 이름을 갖고 있었다는 통계도 있습니다.

오늘날에도 존은 언제나 인기의 윗자리를 차지하고 있는 이름으로 존 F. 케네디(John F. Kennedy, 1917~1963)라든지, 존 레넌(John Lennon, 1940~1980), 존 트래볼타(John Travolta, 1954~) 등 존이라는 이름을 가진 유명인을 곧바로 꼽을 수 있습니다.

이렇게 존이라는 이름을 가진 남성이 많으니, 존은 이제 남성을 뜻하는 보통 명사로 생각하는 경향이 생겼습니다. 사실, 존은 남성성기를 뜻하는 속어로도 쓰이고 있습니다. 고베의 산노미야(三宮)에 동료들과 자주 가던 영국풍 바가 있었습니다. 그 바의 남성용 변기 앞에 'Stand closer please. Your Honest John is not as long as you might think.'(좀더 가까이. 당신의 진실한 존은 당신의 생각만큼 길지 않을지도 모른답니다.)라고 씌어 있었습니다. 뭐 그런가 보다, 빙긋 웃으며 그 요청에 따라 볼일을 보았던 적이 있습니다. Honest John이란 정직하고 부지런한 일꾼이자, 어리숙하고 사랑할 수 밖에 없는 남자를 뜻하는 말이지만, 여기서는 무엇을 뜻하는지는 명백하지요.

종말을 두려워하는 사람들이 구했던 인간상 요한

존은 무엇보다도 세례 요한(John the Baptist)에 감화받아 인기가 생긴 이름입니다. 세례 요한은 예수의 재종형제였다고 합니다. 그는 팔레스티나의 황야에서 가르침을 설파한 예언자로 '회개하라, 천국이 가까웠으니라'(마태복음 3장 2절)라며, 구세주의 도래가 임박했음을 사람들에게 고하고, 그 길을 준비하기 위해 사람들에게 세례를 베푼 인물입니다. 요한의 생활태도는 아주 금욕적이어서 낙타털로 만든 옷을 걸치고, 허리에는 가죽띠를 두르고, 메뚜기와 야생꿀을 먹으며 살았습니다. 그것은 나중에 수도사들의 금욕적 삶의 모델이 되었습니다.

존의 인기는 또한 중세의 세태를 강하게 반영하고 있습니다. 예수 그리스도의 수난으로부터 1천년째의 해가 다가오자 유럽에는 천

재지변이나 전쟁이 빈발하고 역병이 유행하고 약탈이 횡행했습니다. 사람들은 『요한계시록』에 묘사된 세상의 종말이 다가오고 있는 것은 아닌가 하는 강한 불안과 공포감을 갖게 되었습니다. 그럴 때에, 구세주의 도래가 가까웠음을 사람들에게 고하고 신의 왕국에의 길을 닦기 위해 사람들에게 세례를 베푼 세례 요한이야말로, 자신들의 죄를 사할 것을 신에게 중재하는 데에 가장 어울리는 성인이라 생각하게 되었던 것입니다. 또한 그런 사람들에게, 세례 요한은 마리아와 더불어 예수에게 가장 가까운 인물이었습니다.

중세부터 르네상스 회화에는 마리아를 중심으로 예수와 요한이 있는 성화가 그려져 예수와 요한의 친밀성을 잘 표현하고 있습니다. 보티첼리의 「성 모자와 세례 요한」이나 라파엘로의 「성 모자와 아기 성 요한」 등이 대표적인 작품입니다. 또한 순례가 성행하고 십

라파엘로의 「성 모자와 아기 성 요한」.

자군 원정이 시작되자, 순례자를 보호하고 부상을 입은 십자군 병사를 정성껏 간호한 요한 기사단의 활동이 사람들에게 커다란 감동을 안겨주었습니다. 여기에 전설 속의 이상의 기사 프레스터 존(Prester John) 등도 곁들여져 사람들이 구하는 이상적인 인물상 이미지가 이 이름에 씌워졌던 것이 요한이라는 이름이 인기 있는 커다란 이유입니다.

프레스터 존은 그리스도 교도가 위기에 처했을 때 동양의 어딘가에서 구난(救難)하러 온다고 사람들이 믿던 노기사였습니다. 제1차 십자군의 승리로 성립된 십자군 각 국가가 이슬람의 용장 살라딘(Saladin, 1138~1193)의 활약으로 위험에 빠졌을 때, 그 존재가 화

살라딘 정식 이름은 살라흐 앗딘 유수프 이븐 아이유브. 아이유브 왕조를 창시한 이슬람의 술탄이자 이슬람 최고의 영웅이다. 쿠르드족 출신으로 14살에 군에 입대하고, 1169년에는 이집트 파티마 왕조의 재상이 된다. 혼란한 정국을 틈타 1171년에는 파티마 왕조를 무너뜨리고, 북아프리카에서 메소포타미아에 이르는 아이유브 왕조를 세웠다. 국교를 시아파에서 수니파로 바꾸고, 분열 위기의 이슬람 세계를 재통일했다. 훌륭한 인품과 도덕적이고 너그러운 통치방식으로 강력한 지지를 얻었다. 지와 덕을 겸비한 술탄인 동시에 용맹한 무장이기도 했던 살라딘은 1187년에는 프랑크족의 통치로부터 88년만에 이슬람의 성지 예루살렘을 탈환하였다. 예루살렘에 입성한 살라딘은 창고의 재산을 종교에 관계없이 분배하고, 약탈과 학살, 파괴를 엄격히 금했다. 그의 용맹스러움에 이슬람 세계에서는 그를 '성전(聖戰)의 영웅'이라 불렀으며, 십자군 지휘관들조차도 그를 '고귀한 적'이라 일컬으며 존경했다고 한다. 한편, 예루살렘 함락에 깊은 충격을 받은 유럽은 사자왕 리처드 1세가 이끄는 제3차 십자군을 일으켜 쳐들어오지만, 공방전 끝에 결국 휴전협정을 맺는다. 십자군 전쟁이 끝나고 수도 다마스커스로 철수한 뒤 곧 세상을 떠난다.

제가 되었고, 프레스터 존은 다비드 같은 구세주적 인물로 끌어올려졌던 것입니다.

러시아가 사랑한 바보 이반

영어명 존은 프랑스어로는 장(Jean), 이탈리아어로는 조반니(Giovanni), 스페인어로는 후안(Juan)이 되고, 독일어권에서는 요한(Johann), 얀(Jan), 한스(Hans) 등이 파생했습니다. 스코틀랜드에서는 숀(Sean)이, 아일랜드에서는 션(Sean)이 일반적입니다.

또, 헝가리에서는 야노슈(Janos), 러시아에서는 이반(Ivan)입니다. 이들은 모두 그 나라에서 가장 일반적인 이름의 하나로 쓰이고 있습니다. 러시아에서 전통적으로 가장 인기 있는 남성명 이반(Ivan)은 요한의 그리스어명 요안네스(Ioannes)에서 옛 러시아어를 거쳐 태어난 이름입니다.

슬라브 민족 사이에서 세례 요한은 나무, 풀, 꽃 등의 성장을 감독하는 토착령 쿠팔라(Kupala) 숭상과 융합했습니다. Kupala는 슬라브어 kupati(물에 담그다, 물에 잠기다)가 어원인데, 그 뜻에서 세례 요한과 엮인 것입니다. 비가 적은 6월이 되면 기우제 또는 식물의 자람을 기뻐하는 축제로서 쿠팔라 축제가 열렸습니다. 그 때 사람들은 물 속에 잠겨 몸을 깨끗하게 했습니다. 오늘날 러시아의 성 요한 축일은 6월 24일인데, 그것은 하지(夏至)에 축하되었던 쿠팔라 축제의 날에 가깝게 한 것입니다.

이처럼 서민의 토속신앙과도 결합한 이름 이반은 민화나 이야기의 주인공 이름으로도 자주 쓰이고 있습니다. 톨스토이의 민화적 단편소설에 「바보 이반」이 있습니다. 주인공 이반은 신을 믿고 자연을 사랑하며 이웃을 아끼는, 참으로 불굴의 백성이자 타고난 부지런한 일꾼입니다. 이반은 돈벌이나 출세를 꿈꾸며 집을 나갔다가 결국은 실패하고 돌아온 형들을 따뜻하게 맞아들이는 '바보 같은' 호인이기도 합니다. 여기 묘사된 이반은 바로 미국인이 사랑하는 어니스트 존(Honest John)이기도 하지요.

쿠팔라 축제

예전에 러시아인들은 새로운 생명이 움트는 3월을 새해의 첫달로 여겼다. 그러나 1700년 표트르 1세의 포고령에 따라 서기력을 사용하게 되자 대표적인 여름 축제인 이반 쿠팔라 축일도 7월 7일(구력으로는 6월 24일)이 되었다. 원래 물의 신 쿠팔라를 위한 축일이자, 태양의 생명력과 비의 비옥함을 찬양하는 축일이었던 쿠팔라 축일은 그리스정교와 결합해 성대한 축일이 되어갔다. 고대 러시아에서는 이 날에 물로 목욕을 하고, 모닥불을 건너뛰며 즐겼다. 쿠팔라 축제 전날 아침에 사람들은 먼저 한증목욕을 하고 아침 식탁에 앉아 '카샤(맹세의 죽)'을 먹었다. 정오부터는 강에서 목욕을 하고, 목욕을 마친 뒤에는 1년치 한증용 땔감을 구하러 숲으로 갔다. 그 무렵이 풀이나 나무가 가장 물이 오르는 시기이기도 했고, 쿠팔라 전날과 쿠팔라의 밤에 나뭇가지와 풀이 완전한 힘을 얻는다고 믿었기 때문이었다. 그렇게 모은 풀이나 꽃은 집집마다 부적처럼 내걸었고, 젊은 아가씨들은 꽃으로 미래의 남편을 점치기도 했다. 축일 당일 사람들은 꽃으로 엮어 만든 띠를 허리에 매고 머리에는 풀로 만든 관을 쓰고 노래하고 춤을 추었다. 저녁이 오면 나뭇가지를 비벼 모닥불을 지피고, 모닥불 한가운데에 불타는 바퀴를 묶은 장대를 세웠다. 청년들과 아가씨들은 모닥불 주위에서 밤새 즐겁게 놀면서 모닥불을 건너뛴다. 특히, 연인들은 잡은 손을 놓지 않고 불을 뛰어넘으면 결혼할 수 있다고 여겼다. 또한 사람들은 서로에게 물을 끼얹는데, 깨끗한 물보다는 흙탕물을 끼얹는 풍습이 널리 퍼졌다. 그것은 목욕을 더 많이 하게 하기 위해서였다.

「셰인」의 배경에 보이는 아일랜드의 슬픈 역사

제가 잊을 수 없는 영화 중 하나에 「셰인」(Shane)이 있습니다. 1953년에 제작된 이 영화는, 와이오밍의 아름다운 산맥 그랜드 티튼을 배경으로 풍부한 감성으로 묘사된 서부극입니다. 주인공 셰인은 서쪽으로 서쪽으로 방랑의 여행을 하는 총잡이입니다. 라스트 신에서 악당을 쫓아버리고 다시 황야로 사라져가는 셰인을 향해서 "Shane! Come back!" 하고 외치는 조이(Joey) 소년의 목소리가 특히 감동적이었지요.

영화에서는 말하고 있지 않지만 셰인은 아일랜드인입니다. 셰인 (Shane)은 아일랜드명 션(Sean)을 영어적으로 쓴 이름입니다. 이 이

셰인 할리우드의 메이저 영화사 파라마운트 픽처스가 1953년에 제작한 서부 영화. 「자이언트」 등으로 유명한 조지 L. 스티븐슨 감독 작품이다. 앨런 래드, 진 아서가 주연을 맡았다. 줄거리는 다음과 같다. 초여름의 어느 날, 아름다운 와이오밍 고원에 총잡이 하나가 나타난다. 그의 태도나 눈빛은 여느 카우보이들과는 달라 보이고 어쩐지 비밀스러운 분위기에 싸여 있다. 동부에서 이주해온 개척농민 스타렛은 총잡이에게 친절을 베풀고, 그는 자기 이름이 셰인이라고 말한다. 셰인은 스타렛의 집에 머물게 되고, 스타렛의 아들인 조이는 셰인을 아주 따른다. 그때 마을 사람들은 폭력배들 때문에 괴로움을 겪고 있는 참이었다. 마침내 스타렛까지 당하자 셰인은 홀로 폭력배들의 소굴인 술집을 찾아가 그들을 모조리 해치운다. 그리고, 그를 향해 애틋한 마음을 품은 스타렛 부인과 조이의 애절한 만류를 뿌리치고 마을을 떠난다.

름은 라틴어명 요하네스(Johannes)가 프랑스어적 변형인 제한 (Jehan), 장(Jean)을 거쳐 아일랜드에 전해진 것입니다. 영국에 정주했던 노르만인에 의해 아일랜드에 존재하게 된 이 이름은 제1차 십자군 시대에 널리 쓰이게 되었습니다. 오늘날에도 영국이나 미국에서 이 이름은 아일랜드적인 울림을 갖고 있습니다.

영화 「셰인」의 주인공 셰인의 배경에는 1845년에 시작되어 1848년까지 계속된 감자기근을 피해 미국으로 이주해온 1백만명이나 되는 아일랜드인이 있습니다. 셰인은 미국으로 먼저 건너온 영국인들의 터무니없는 차별과 부정과 싸우다 본의 아니게 건맨이라 불리게 되고, 그 낙인을 지우고 새롭게 태어나기 위해 서쪽으로 서쪽으로 방랑하는 한 사람의 아일랜드 이민자가 아닐까 하는 상상을 펼쳐볼 수 있습니다.

프랑스 민족주의의 꽃 잔 다르크

요한의 라틴어명 요한네스(Johannes)의 여성형 요한나(Johanna)도 널리 쓰였습니다. 이 이름의 변화형으로는 조하나(Johana), 조안나(Joanna), 조애나(Joana), 조앤느(Joanne), 조앤(Joan), 제한느(Jehane), 잔느(Jeanne), 저네트(Jeannette) 등이 있습니다.

잔 다르크(Jeanne d' Arc, 1411~1431)는 영어적으로는 조앤 오브 아크(Joan of Arc)입니다. 그녀는 고향 사람들로부터는 애칭형으로 저네트(Jeannette)라 불렸지만, 그녀가 황태자, 즉, 나중의 샤를르 7세를 향해 말할 때에는 격식을 갖춘 어조로 자신을 제한느(Jehane)

19세기 중반에 영국의 식민지였던 아일랜드는 전체 농지의 40%에 감자를 심었고, 국민의 절반이 감자만 먹고 살고 있었다. 당시 대부분의 씨감자를 미국에서 들여왔는데, 1843년에 미국에서 발생한 감자 마름병은 1845년에 유럽을 거쳐 아일랜드에도 발생, 감자수확에 치명적인 피해를 안겨주었다. 주식을 거의 전적으로 감자에 의존하던 아일랜드는 감자의 흉작으로 대기아와 영양 실조로 인한 각종 질병이 발생했다. 당시 사람들은 이 전염병을 신의 저주라 여겼을 뿐 아무런 대책없이 속수무책으로 쓰러져갔다. 대기근 기간에 아일랜드에서는 1백만 명이 넘는 사람이 굶어죽거나 기근과 관련된 병으로 사망했고, 3백만 명 이상이 살 길을 찾아 신대륙 등으로 이민을 떠났다. 당시 식민지 아일랜드를 식량기지화하며 공업강국으로 발전하던 영국은 이런 아일랜드의 대기근사태를 나 몰라라 했으며, 이 때문에 감자기근 이후 아일랜드 독립투쟁에 불이 붙어 북아일랜드를 제외한 지역들이 독립을 쟁취했다. 오늘날에도 아일랜드와 영국의 갈등의 골은 여전히 깊다.

라고 불렀다고 합니다. 그리고 재판소 판결문에서는, 그녀의 이름을 라틴어로 요한나(Johanna)라 불렀다고 합니다. -h-는 기식음(氣息音)이며 프랑스어로는 발음하지 않는 경우가 특히 많았던 데에서 제한느(Jehane)에서 잔느(Jeane, Jeanne)가 태어난 것입니다. 제인(Jane)이나 재닛(Janet)은 영어적 이름입니다.

'마녀'로 처형당한 잔 다르크의 명예는 그녀가 죽은 뒤 곧바로 회복되었고, 사람들은 프랑스에 국가적 위기가 닥쳤을 때면 그녀를 많이 떠올렸습니다. 잔다르크는 특히, 프랑스 혁명에 이은 나폴레옹 전쟁 시대에 나폴레옹과 함께 조국애의 상징으로 열광적으로 사랑받았습니다. 잔 다르크를 가장 이상화시켜 쓴 사람은 낭만적 내셔널리즘을 고무한 희곡으로 알려진 독일의 시인 실러(1759~1805)

입니다.

실러가 1801년에 발표한 「오를레앙의 소녀」에서 그녀는 아름다운 소녀이자, 기운차고 늠름한 구국자로 묘사되어 있습니다. 제관식을 올릴 수 있게 해준 잔 다르크에게 국왕 샤를르는 "프랑스의 수호신 생 드니(잘린 자신의 목을 들고 프랑스의 센 생 드니까지 왔다는 전설로 유명한 3세기경의 주교 — 옮긴이)로다."(제4막 10장)라고 말합니다.

요한과 예수와 야훼

이름 존이 인기 있는 이유 중의 하나는 뜻에도 있습니다. 요한도 히브리어로는 요하난(Yohanan)인데, 그리스어 성서에서는 요안네스(Ioannes), 라틴어 성서에서는 요한네스(Johannes)입니다. 히브리어 이름의 제1요소인 Yo-는 유대인의 유일신 야훼이고, 제2요소인 -hanan은 히브리어 Hanna[h](은혜깊다)와 같습니다. 그러므로, 이 이름의 뜻은 '야훼는 은혜깊으시다' 라고 해석할 수 있습니다. 여성명인 한나(Hanna), 안나(Anna), 앤(Ann, Anne)의 어원은 히브리어 hanna[h]입니다.

예수는 사실은 드문 이름이 아니었습니다. 성서에도 몇 명인가의 예수가 등장합니다. 예수 그리스도의 그리스도나 주 예수의 '주'는 예수에게 부여된 부가명인 동시에 다른 예수와 구별하는 방법이기도 한 것입니다.

예수는 히브리어로는 예슈아(Yeshua')입니다. Ye-는 야훼입니다.

앵그르가 그린 잔 다르크.

-shua‘는 ‘구원’ 이라는 뜻이니, 예수의 뜻은 ‘야훼는 구원하시도다’
라고 해석할 수 있습니다. 그리스도를 찬미하는 말인 호산나
(hosanna)는 -shua‘와 같은 어원의 말입니다. 호산나는 신의 구원에
은혜받음을 기뻐하고 열렬히 신을 찬미하는 말이었습니다.

그렇다면 요한의 원뜻인 ‘야훼는 은혜깊으시도다’ 나 예수의 원
래 뜻 ‘야훼는 은혜로우시도다’ 의 야훼는 어떤 신일까요.

야훼는 모세 앞에 나타나 계약과 법을 지키는 사람들에게는 무
한한 축복과 가호를 부여할 것을 약속했다는 신입니다. 유대인은
이 신을 그들의 유일신으로 숭배했습니다. 야훼는 하늘의 초절신(超
絕神)이지, 땅 위에 사는 식생의 신도, 죽은 자를 황천으로 이끄는
신도, 민족의 시조도 아니었습니다. 그런 뜻에서 야훼는 나중에도

쓰는 대로 그리스인, 로마인, 게르만인 등이 자신들의 선조는 신과 통한다고 생각하고 있었던 것과는 크게 다릅니다.

유대인은 그러나, 자신들의 신의 이름이 야훼인지 몰랐습니다. 모세의 십계명 제3계명에는 '너의 신, 주의 이름을 망령되이 부르지 말라. 망령되이 그 이름을 부르는 자를 주는 죄없다 하지 아니하리라' (출애굽기 20장 7절)라고 되어 있습니다. 이 법도대로 그들은 자신들의 신의 이름을 주술적으로 입에 올리는 일을 두려운 일이라 여겨 금하고 있었던 것입니다. 유대인은 그들의 유일신을 신성 4문자(4文字)라 불리는 יהוה (YHWH)로 표기했지만, 이 자음만으로 이루어진 이름은, 그대로는 발음할 수 없습니다. 그래서 발음할 때에는 전혀 다른 언어로 '주(Lord)'라는 뜻을 가진 '아도나이(Adonay)'를 썼습니다.

알려 하면 안된다면 오히려 더 알고 싶어지는 법입니다. 신성 4문자 YHWH의 진정한 읽는 법이나 뜻에 관해서는 오래 전부터 다양하게 추측되어 왔습니다. 『출애굽기』에 '나는, 아브라함, 이삭, 야곱에게 전능한 신(엘 샤다이 El Shaddai[원뜻 : 산의 신])으로 나타났지만, 주(YHWH)라는 나의 이름을 알지 못했다.' (6장 3절)고 되어 있습니다. 유대인들이 자신들의 유일신을 아도나이라 불러온 전통에서, 16세기에 히브리어 YHWH에 Adonay의 모음을 맞춰 처음으로 예호바(Yehowah)라 발음하게 되었습니다. 이것이 영어로는 제호바(Jehovah)라 표기되어 정착했습니다. *Yahowah가 되지 않고 Yehowah가 된 것은 히브리어의 문법적 요청에 따른 것입니다.

　　그러나 YHWH의 읽는 법은 19세기 중반 이래로 예호바를 대신해 야훼(Yahweh)가 일반적이 되었습니다. 그것은 원래 자음 글자만으로 씌어 있던 히브리어 구약성서에, 모음 부호를 붙여 음독가능한 본문을 확정한 유대인 성서학자들이 제안한 읽는 법을 채용했기 때문입니다. 그들은 신이 모세에게 '나는 스스로 있는 자이니라' (출애굽기 3장 14절)하고 대답했던 것을 근거로 야훼(Yahweh : 있는 자)를 이끌어낸 것입니다. '존재한다' 란 '실제로 존재하는 자' 라든지, '있게 하다' '창조하다' 라는 뜻으로 해석되고, 또한, '불변' '진실' 이라는 뜻에서의 '존재하다(being)' 라고도 해석되었습니다.

　　야훼는 유대인의 이름의 원천이 되었습니다. 야훼와 관계 있는 이름은 압도적인 숫자에 이릅니다. 존(John)이나 예수(Jesus) 이외에, 조셉(Joseph[야훼는 늘려주셨노라]), 조너선(Jonathan[야훼는 부여하소서]), 엘리야(Elijah[엘리는 야훼로다]) 등은 모두 야훼(Yahweh)를 구성 요소로 갖는 이름입니다. 이것은 유대인이 야훼의 임재(臨在)를 얼마나 강하게 느꼈고, 야훼를 향한 충성의 맹세를 얼마나 소중히 여겼으며, 야훼의 가호를 얼마나 열심히 빌었는지를 나타내고 있습니다.

2.
마리아를 축복하는 요한의 어머니
엘리사벳

가장 축복받은 여성

엘리자베스는 엘리자베스 여왕(Queen Elizabeth), 여배우 엘리자베스 테일러(Elizabeth Taylor) 등으로 친숙한 여성명입니다.

베티(Betty), 베스(Beth, Bess), 리즈(Liz), 리사(Lisa), 일라이저(Eliza) 등은 엘리자베스의 애칭이자 오늘날에는 독립된 여성명으로도 널리 쓰이고 있습니다. 레오나르도 다 빈치의 「모나 리자」(Mona Lisa)는 영어로는 '마담 리사'인데, 이 그림은 피렌체의 부호 프란체스코 델 조콘티 부인 엘리사베타(Elisabetta)를 그린 것이라 여겨지고 있습니다. 이사벨라(Isabella)는 엘리자베스의 스페인어형이고, 이자벨(Isabelle)은 프랑스어적 이름인데, 이 이름들도 각자의 나라에서 가장 인기 있는 여성명 중 하나입니다.

그럼, 이름 엘리자베스의 유래를 살펴볼까요.

구약성서에는 엘리사벳(Elisabeth)이라는 이름의 인물이 모세의 형제 아론의 아내로 등장하며(출애굽기 6장 23절), 신약성서에는 세례 요한의 어머니로 등장합니다. 『누가복음』에 등장하는 엘리사벳은 아론의 자손입니다. 유대왕 헤로데스(재위 BC 37~ BC 4) 시대에 살았던 즈가리야라는 이름의 사제의 아내였습니다. 부부가 모두 신 앞에 정직한 사람들로 주의 법도와 규칙을 남김없이 행하고 있었지만, 엘리사벳은 나이가 들어서도 아이를 갖지 못했습니다(누가복음 1장 6~7절). 그런데, 어느 날 즈가리야가 신전의 성소에서 일하고 있을 때 천사 가브리엘이 나타나 엘리사벳이 임신할 것이며, 그 아이는 어머니의 태내에서부터 성령이 넘치고, 그 아이의 탄생은 많은 이들의 기쁨이 될 것이라고 고했던 것입니다.

가브리엘은 또한, 그 아이를 요한이라 이름지으라 하고, 그 아이는 엘리야의 영과 힘으로 주의 앞에 서서 걷고, 주를 위해 갖춰진 백성을 준비할 것이라(누가복음 1장 13~17절)고 고합니다. 그리고, 여섯 달 뒤에 역시 가브리엘이 엘리사벳의 종자매인 다비드 가의 요셉과 결혼한 마리아 앞에 나타나 수태고지를 합니다.

엘리사벳에 관해서는, 임신한 마리아가 그녀를 방문해 석달 동안 머물렀다는 말이 있습니다. 마리아의 문안 인사를 엘리사벳이 들었을 때, 그녀의 태내의 아기가 춤추고, 엘리사벳은 성령에 넘친 목소리로, "여자 중에 네가 복이 있으며 네 태중의 아이도 복이 있도다. 내 주의 어머니가 내게 나아오니 이 어찌된 일인가. 보라 네 문안하는 소리가 내 귀에 들릴 때에 아이가 내 복중에서 기쁨으로

뛰놀았도다. 주께서 하신 말씀이 반드시 이루어지리라고 믿은 그 여자에게 복이 있도다."(누가복음 1장 42~45절)라고 말합니다.

이것은 마리아와 더불어 엘리사벳이 가장 축복받은 여성임을 말하는 구절이며, 예수와 요한의 강한 연대를 말하기도 합니다.

풍요의 신 엘과 법률·계약의 신 야훼

Elizabeth는 히브리어 Elishebha'(엘은 맹세하도다)가 어원으로 그리스어 성서의 Eleisabeth나 Elisabet, 라틴어 성서에서 Elisabeth를 거쳐서 영어화한 이름입니다. 히브리명 Elishebha'의 제2요소인 -shebha'는 히브리어 sheva(seven)와 같은 계열의 이름입니다. 바빌론에서는 7이라는 숫자는 신성한 숫자였습니다. 히브리어로도 7(sheva)은 맹세의 상징이며, 이 sheva는 nishba(그는 맹세했다)와 같은 어원의 말입니다. nishba의 원뜻은 '그는 자기 자신을 성스러운 7로 묶었다' 라고 해석되었습니다.

그럼, 엘리자베스(Elisabeth)의 El-은 무엇을 뜻할까요. 가나안 신화에서 엘(el)은 원래는 일반적인 신을 뜻하는 언어로 쓰였습니다. 이 말의 어원은 분명치 않습니다. 보통어로서의 히브리어 el은 '힘(power)' 이나 '강하다(strong)' 라는 뜻을 갖고 있었습니다. '신' 으로서의 엘의 힘에 대해 바다의 그것처럼 크고, 홍수의 그것과 같다고, 가나안 신화에서 노래하고 있습니다(F. M. 크로스 지음, 『가나안 신화와 히브리 서사시』). 성서에도 여러 곳에서 신의 '힘' 에 대해 언급하고 있습니다. 유대인이나 이슬람교도가 인사말이나 헤어질 때 쓰는 샬롬(shalom)의 어원은 '평화(peace)'인데, 이 말은 단순히 전쟁이 없는 조용한 상태가 아니라 엘의 힘이 넘치는 상태를 뜻합니다. 솔로몬(Solomon)이나 살로메(Salome)는 이처럼 '평화'라는 뜻이고, 유대인의 성스러운 도시 예루살렘(Jerusalem)은 '평화의 토대'를 뜻하는 지명입니다.

고유명사로서의 엘(El)은 가나안의 풍요신화에서 신들의 아버지이자 최고신을 가리키는 명사였습니다. 그 신은 그리스의 크로노스를 닮은 '시간의 아버지'이자, 로마 신화의 사투르누스 같은 농경신이기도 했습니다. 엘은 말하자면, 시간의 운행을 지배하고, 대양에 흘러들어가는 하천을 만들고, 지상의 풍요를 확실케 하는 신이었던 것입니다. 엘은 히브리인에게는 차츰 사회적인 인격신이 되어갔습니다. 족장시대의 엘은 신들의 족장, 신들과 인간의 최초의 아버지, 전쟁의 신, 부족연합집회의 심판자가 되었습니다. 그는 엄격

크로노스 그리스 신화의 주신 제우스의 아버지. 천공신 우라노스와 대지의 여신 가이아 사이에 태어난 티탄족 가운데 가장 나이가 어렸다. 시간과 세월을 뜻하며, 모래시계를 들고 있는 노인으로 묘사된다. 어머니 가이아의 명령으로 아버지 우라노스를 습격해, 그를 물리치고 지배자가 된다. 크로노스의 시대는 싸움과 죄악이 없던 황금시대였다. 누이인 레아와 결혼한 크로노스는 헤스티아, 데메테르, 헤라, 하데스, 포세이돈, 제우스 등 6명의 자식을 보았으나, 자기 자식에게 지배권을 빼앗긴다는 신탁 때문에 자식이 태어나면 통째로 삼켜버리곤 했다. 마침내 막내인 제우스가 태어났을 때 레아가 크로노스를 속여 돌을 삼키게 하였고, 살아 남은 제우스는 크로노스를 추방하고 신들의 아버지가 된다. 로마 신화의 농업신인 사투르누스와 동일시된다.

했지만, 때로는 상냥했고, 언제나 현명했습니다. 그리고, 구약성서에서는 유대인의 유일신 야훼를 뜻하는 말로 쓰이고 있습니다.

당시 풍요의 주신으로 엘을 믿고 있던 이들은 페니키아인이었는데, 야훼를 유일신으로 믿는 유대인은 인접한 페니키아인과의 치열한 항쟁을 거치며 자신들의 신의 유일절대성을 높여갔습니다.

헝가리의 자애로운 어머니, 성녀 에르체베트

이름 엘리자베스의 전파에 가장 영향력이 있었던 인물로는, 특히 헝가리 성녀 에르체베트(Erzsebet, 1207~1231)를 생각할 수 있습니다. 영어명 Elizabeth의 철자는 헝가리 성녀 에르체베트의 영향을 받은 것입니다. 엘리자베스(Elizabeth)는 일반적으로 영국 여왕을 연상하는 이름입니다. 엘리사벳(Elisabeth)에서 많은 영국인은 요한의 어머니를 연상합니다.

에르체베트는 헝가리왕 엔드레 2세(재위 1205~1235)의 왕녀로 태어났습니다. 그녀는 몽골이 세력을 갖고 있던 헝가리에 원군을 보냈던 튀링겐 백작 헤르만이 있는 곳으로 한 살 때 보내져 독일풍으로 길러졌습니다. 에르체베트를 기른 사람은 겸허한 그리스도교도였던 헤르만 지방작의 비 조피(Sophy)였습니다.

중세 성인전설의 집대성이자 성서와 더불어 사람들에게 친숙한 『황금전설』 162장 「성녀 에르체베트」에 따르면, 헝가리의 수호성인 에르체베트는 '우리 신의 제7자'로 불리며 성스러운 숫자인 7(seven)과 연관지어져 있습니다. 그녀는 일곱 가지 자비를 베풀었다고 하는데, 그것은 병자를 문병하고 간호한 일, 목마른 이에게 마실 것을 준 일, 굶주린 이에게 먹을 것을 준 일, 포로를 되돌려보내준 일, 헐벗은 이에게 의복을 준 일, 고아와 여행자를 대접한 일, 죽은 이를 장사지낸 일이었습니다.

남편 루트비히가 십자군에 참가해 사망한 뒤 에르체베트는 독일 최초의 프란시스코 신봉자가 되었습니다. 그리고 시료원(施療院), 수도원, 병원을 짓는 등 자선에 힘을 쏟았습니다. 그래서 사람들은 그녀에게 빌면 마비된 손발도 낫고, 물에 빠져 죽은 이도 되살아나며, 병자들의 고통도 덜어진다고 믿게 되었습니다. 독일에는 그녀의 이름을 딴 병원이 많이 있습니다. 에르체베트는 또한, 교황을 통해 프란시스코의 망토를 받았다는 전설이 있을 정도로 가난한 이의 자애로운 어머니로 추앙받으며 민중에게 가장 인기 있는 성인의 한 사람이 되었습니다.

에르체베트 상에는 왼손에 빵, 오른손에 포트를 들고 있는 것이 많이 있습니다. 그 물건들은 기아가 닥쳤을 때 그녀가 가난한 이들에게 행했던 베풂을 상징하는 것입니다.

황금전설 　중세 유럽의 그리스도교 나라에 가장 많이 유포된 성인전. 13세기에 이탈리아 제노바의 대주교였던 야코부스 데 보라지네(1228?~1298)가 엮었다고 전해지며, 라틴어로 씌어 있다. 원래 제목은 『성인 이야기』(Legenda sanctorum)였으나, 신앙심을 깊게 하는 데에 도움이 되었기 때문에 '황금(黃金)'이라는 이름이 붙었다고 한다. 예수의 탄생과 재림에서 시작하며, 많은 순교성인들의 삶과 기적 등을 판타지풍으로 기록하고 있어 중세 성인전설의 근간이 되었다.

3.
사탄과 싸우는 대천사
미카엘

신의 옥좌를 떠받치다

영어의 남자명 마이클(Michael)이나 그 여성명 미셸(Michelle)은 오늘날 가장 인기 있는 이름이라 말할 수 있습니다. 존이나 메리, 엘리자베스 등 전통적으로 인기 있던 크리스천 네임이 시들해지고 있는 것을 생각할 때, 이들 이름의 건투는 두드러집니다. 마이클이라는 이름을 가진 인물로는 팝가수 마이클 잭슨(Michael Jackson)이나 영화배우 마이클 더글러스(Michael Douglas) 등이 잘 알려져 있습니다.

여성명 Michelle은 프랑스어의 여성형입니다. 영어권에서는 예전부터 프랑스어 여성명이 세련된 이름으로 여겨지며 쓰였습니다. Michelle은 1960년대 이후 비틀스의 노래 「Michelle」 덕분에 특히 인기 있는 이름이 되었습니다. 여성 이름으로 인기있게 된 셸리

(Shelly)는 Michael에서 파생한 것이라 여겨지고 있습니다.

미카엘(Michael)은 천상에서 신을 대리해 정의를 베푸는 대천사입니다. 유대 그리스도교에서는 신의 심부름을 하는 천사들이 있어 신의 의지를 인간에게 전달하거나 인간의 바람을 신에게 전하는 역할을 하고 있다고 여기고 있습니다. 그리고, 그들 대천사 가운데에서도 미카엘, 가브리엘, 우리엘, 라파엘은 신의 왕좌를 사방에서 떠받치고 있는 대천사들입니다.

Michael의 어원은 히브리어 Mikha'el이며, 뜻은 '신과 같은 자는 누구인가' 입니다. Gabriel의 어원은 히브리어 Gabhri'el(신의 힘), Uriel의 어원은 히브리어 Uri'el(신의 불꽃), Raphael의 어원은 히브리어 Rapha'el(신이 낫게 하셨도다)입니다. 이렇게 생각하면, 이들 대천사들은 신의 속성이 의인화된 것임을 알 수 있습니다. 미켈란젤로(Michelangelo)의 어원은 '천사 미카엘' 이지요.

『황금전설』 제139장 「대천사 성 미카엘」에는 이름 미카엘의 뜻은 '누가 신에 비교될 수 있으리' 이며, 대교황 성 그레고리우스(재위 590~604)의 입을 빌어 '커다란 기적이 일어날 때에는 언제나 미카엘이 파견된다. 그 업과 그 이름으로부터, 이런 위대한 기적은 신 이외의 누구도 아님을 명백하게 하기 위해서이다' 라고 해설하고 있습니다. 밀튼의 『실락원』에서 미카엘은 신의 사자로서 낙원에 내려와 아담과 이브를 낙원에서 추방하고 그들에게 신과의 화해의 이치를 설득하는 천사입니다.

5세기에 이탈리아 남부의 아드리아해에 튀어나온 가르가노 곶의 산에 대천사 미카엘이 나타났다는 전설이 생겨나 그 땅은 순례지가 되었습니다. 그리고, 천사장으로서 사탄과 싸운 미카엘은 기사들의 수호천사로서 신앙을 모으게 되었습니다. 샤를마뉴와 사라센인과의 전쟁에서 성 미카엘 상은 아름다운 비단의 기인(旗印, 예전에 전쟁터에서 목표로 삼기 위해 기에 그렸던 무늬나 글자 — 옮긴이)이었습니다. 또한, 동쪽에서 침공해온 이교도 마자르인과 싸울 때에 작센공 하인리히 1세나 그의 아들 오토 대제도 천사 미카엘을 기인으로 삼았습니다. 그것은 이교도와 싸우는 지상의 그리스도 교도의 군세를, 천국에서 사탄과 싸웠던 대천사 미카엘이 이끌었던 천사들의 군세로 여겼던 것입니다.

천사 미카엘에게 봉헌된 교회는 수를 헤아릴 수 없지만, 특히

대천사 미카엘에게 봉헌된 교회 몽 생 미셸.

프랑스의 노르망디에 있는 몽 생 미셸(Mont Saint Michel)이나 영불해협을 낀 건너편 기슭의 콘월에 있는 세인트 마이클스 마운트(St. Michael's Mount)가 유명합니다. 이들 교회는 썰물 때면 곳에서 걸어서 건너갈 수 있는 섬에 세워져 있는데, 적에 대한 전략지점으로 중요한 곳이기도 했지만 천사 미카엘을 태풍이나 기근, 유행병의 수호천사로 여겨 이런 곳에 배치한 것입니다. 노르망디의 몽 생 미셸은 9세기에 대천사 미카엘이 나타났다는 전설에 기반해 10~11세기에 지어진 것으로, 초대 노르망디공 롤로가 그리스도교로 개종한 뒤로 노르망디 공의 보호를 받아 발전했습니다.

미키 마우스와 아일랜드인 차별

서로마제국 흥망 뒤 동란기에 아일랜드에도 성 미카엘 숭배가 전해졌습니다. 아일랜드의 남서부 케리군 해안에서 13킬로미터 정도 앞바다에 스켈리그 마이클(Skellig Mechael)이라는 이름으로 알려진 작은 섬이 있습니다. 스켈리그 마이클이란 그 섬에 있는 바위 꼭대기를 가리키는 말로, 거기에 7세기 무렵에 대천사 미카엘에게 바친 수도원이 세워져 있었던 사실에서 그렇게 불리게 되었습니다. 그 수도원은 노르망디의 몽 생 미셸이나 콘월의 세인트 마이클스 마운트의 수도원에 대응하는 것입니다.

그리고, 종교개혁 뒤로 신교도 사이에서는 가톨릭적 색채가 강한 마리아나 마이클의 인기가 떨어졌던 데에 반해 가톨릭 교도가 많은 아일랜드에서는 마이클이란 이름의 인기가 상승, 아일랜드를 상징하는 이름의 하나가 되었습니다.

미키(Mickey)는 마이클의 애칭입니다. 그런데, 미국에서는 20세기 중반 무렵까지도 보통명사화한 mickey는 아일랜드 사람을 경멸적으로 가리키는 말이나 감자 또는 가톨릭 교도를 뜻하는 속어로 쓰였습니다. 아일랜드 독립운동의 상징적 이름의 하나인 핀(Finn)과 Mickey를 짜맞춘 속어 Mickey Finn은 마약이나 설사약 등을 섞은 술을 뜻하는 말입니다. 뒤늦게 미국에 와서 가혹한 차별을 받고, 슬럼가에 살면서 마약이나 밀주에 손댔던 아일랜드인의 고난이 눈앞에 떠오릅니다.

미키 마우스(Mickey Mouse)는 월트 디즈니가 만든 영화 캐릭터입니다. 미키는 누구나 싫어할 터인 쥐입니다. 그러나, 이 쥐는 넥타이를 맨 신사이자, 유머러스하고 정의감과 모험심 가득한 영웅입니다. 이 미키 마우스의 목소리는 월트 디즈니 자신이 연기했습니다. 미키 마우스에는 감자기근 때 미국으로 이민온 증조부를 둔 월트 디즈니 자신의 모습이 투영되어 있다고 생각할 수 있습니다. 오늘날에는 미키를 아일랜드인의 경멸어로 생각하는 사람은 적어졌는데, 그 중 한 가지 이유는 미키 마우스의 활약에 있다고 생각할 수 있습니다.

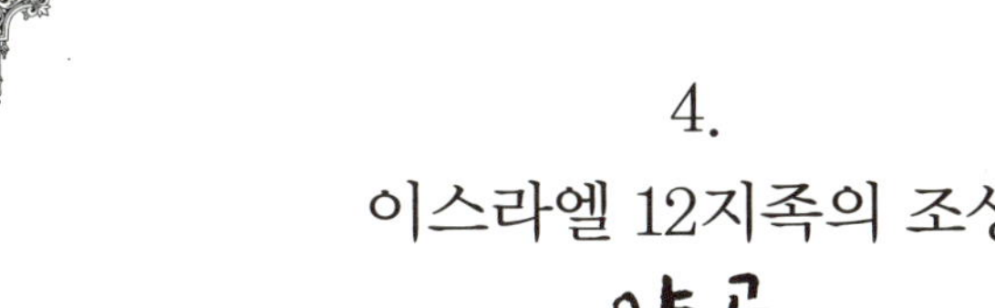

4.
이스라엘 12지족의 조상
야곱

신의 축복과 은혜

영어명 제임스(James)는 영화 「이유없는 반항」, 「에덴의 동쪽」, 「자이언츠」 등에 출연해 오늘날에도 남녀노소를 불문하고 인기가 있는 제임스 딘(James Dean, 1931~1955)으로 친밀감 있는 이름입니다. 1950년대의 반항적인 젊은이를 연기해 세계 젊은이들의 공감을 얻었지만 최고의 절정기에 돌연 자동차 사고로 사망하고 말았지요. 지금도 영원한 젊은이로 사람들의 마음을 사로잡고 있습니다. 그는 지금도 순수하고, 다정하고, 진정한 삶의 방식을

제임스 딘의 스케치.

추구하면서, 웬지 어른들로부터는 위험시되고 소외 당하는 젊은이 상을 사람들 마음 속에 이미지화시키는 힘을 갖고 있습니다.

제임스는 제이콥(Jacob)과 쌍둥이 형제라고도 할 수 있는 이름입니다. 제이콥(Jacob)은 유대인의 제3대 족장 야곱에서 비롯된 이름으로 히브리어 야아코브(Yaakov[신은 지켜주시도다])가 어원이라 여겨집니다. 그러나, 구약성서에는 야곱이 이삭과 레베카 사이에 태어난 쌍둥이 중 동생으로, 빨간 머리에 털이 짙은 형 에서의 발뒤꿈치를 잡고 태어나 '발뒤꿈치를 잡은 자'라는 뜻으로 Ya'aqobh라 이름지어졌다고 씌어 있습니다(창세기 25장 26절). '발뒤꿈치를 잡은 자'는 '가로챈 자'나 '속여 따돌린 자'라는 뜻이 있다고도 해석되어 왔습니다.

19세기의 판화가 겸 성서화가
구스타프 도레의 「야곱을 축복하는 이삭」.

그것은, 약삭빠른 야곱을 비난하며 에서가 '그의 이름을 야곱이
라 함이 합당치 아니하니이까. 그가 나를 속임이 이것이 두 번째니
이다. 전에는 나의 장자의 명분을 빼앗고 이제는 내 축복을 빼앗았
나이다' (창세기 27장 36절) 하고 분노를 털어놓았다는 데서 유래한
해석입니다. 이삭이 야곱에게 준 축복의 말은 다음과 같습니다.

> 내 아들의 향취는
>
> 여호와의 복주신 밭의 향취로다.
>
> 하나님은
>
> 하늘의 이슬과 땅의 기름짐이며
>
> 풍성한 곡식과 포도주로
>
> 네게 주시기를 원하노라.
>
> 만민이 너를 섬기고
>
> 열국이 네게 굴복하리니
>
> 네가 형제들의 주가 되고
>
> 네 어미의 아들들이 네게 굴복하며
>
> 네게 저주하는 자는
>
> 저주를 받고
>
> 네게 축복하는 자는
>
> 복을 받기를 원하노라.
>
> (창세기 27장 27~29장)

야곱에 관해서는 중요한 일화가 이밖에도 몇 가지 있습니다. 그 중 하나가 사막에서 돌을 베개삼아 자고 있을 때 천사들이 나타난 이야기입니다. 야곱은 아버지 이삭으로부터 축복을 받고, 어머니 리브가의 오빠 라반의 딸들 중에서 아내를 고르라는 아버지의 말에 따라 메소포타미아의 파단 하람이라는 땅으로 향했습니다. 도중에 해가 떨어져 돌을 베개삼아 노숙을 하다가 꿈을 꿉니다. 그 꿈 속에서는 땅에 세워진 사다리가 하늘까지 닿아 신의 사자들이 사다리를 오르락내리락하고 있는 것을 볼 수 있었습니다. 그러다 갑자기 신이 그의 앞에 나타나 "나는 여호아니 너의 조부 아브라함의 하나님이요 이삭의 하나님이라 너 누운 땅을 내가 너와 내 자손에게 주리니. 네 자손이 땅의 티끌같이 되어서 동서남북에 편만할지며 땅의 모든 족속이 너와 네 자손을 인하여 복을 얻으리라. 내가 너와 함께 있어 내가 어디로 가든지 너를 지키며 너를 이끌어 이 땅으로 돌아오게 한지라 내가 네게 허란한 것이 다 이루기까지 너를 떠나지 아니하리라."(창세기 28장 13~15절)고 말씀하셨습니다.

신의 이 강력한 축복과 은혜야말로 유대 그리스도 교도가 구해 마지않던 것이자, 야곱의 이름이 전통적으로 인기를 얻는 근거이기도 합니다. 이렇게 해서 신에게도 축복받은 야곱은 결국 열두 아들의 아버지가 되고, 그 아들들은 이스라엘 12지족(支族)의 조상이 됩니다.

이스라엘(Israel)의 뜻은 '신과 겨루는 자'인데, 이 이름은 야곱의 별명입니다. 야곱은 동쪽의 나라 메소포타미아에서 가나안으로

들라크루아의
「천사와 씨름하는 야곱」.

돌아오는 도중 요르단강으로 흘러들어가는 얍복이라는 시냇가에서 불가사의한 인물과 새벽까지 드잡고 씨름을 하는데, 이스라엘이란 그 신이라 여겨지는 이로부터 야곱에게 주어진 이름입니다. 그 사람은 "네 이름을 다시는 야곱이라 부를 것이 아니요 이스라엘이라 부를 것이니 이는 네가 하나님과 그리고 사람들과 겨루어 이겼음이니라"(창세기 32장 29절)라고 말하며 야곱을 축복했습니다.

서방 최대의 순례지 콤포스텔라의 산티아고

신약성서의 12사도 중에는 두 명의 야고보가 있습니다. 한 명은 『요한복음』의 지은이인 사도 요한의 형제입니다. 또 한 명은 알패오의 아들 야고보입니다. 전자를 대(大) 야고보라 부르고, 후자를 소

(小) 야고보라 부릅니다. 대 야고보는 안드레아, 베드로, 요한과 함께 예수의 최초의 제자가 된 인물입니다. 그는 갈릴리의 어부로, 아버지와 고용인들과 함께 그물을 만들려 하다가 예수의 말씀을 듣고 아버지를 두고 예수를 따랐습니다. 제베대의 아들 야고보가 대 야고보라 불리는 이유는 그가 알패오의 야고보보다 먼저 예수에게 부르심을 받았기 때문이자, 그가 특히 예수와 친밀했고 사도 중 누구보다도 먼저 순교했기 때문이라고 『황금전설』 94장 「사도 성 대(大) 야고보」에 씌어 있습니다. 대 야고보는 헤로데스왕과 대립해 예루살렘에서 목이 잘립니다. 같은 전설에 따르면, 성 야고보는 순교에 의해 자신을 신에 바치고, 신으로부터 영적 수호자로서 사람들에게 하사된 사람이었습니다.

대 야고보에 관해서는 그가 스페인에서 전도를 했다는 전설이 6세기 무렵에 생겼습니다. 그리고, 9세기에는 대 야고보가 순교한 날 밤, 그의 유체가 작은 배에 태워져 바다를 떠돌다가 별에 인도되어 에스파니아 반도 서북단의 갈리시아 해안에 닿았다는 전설이 태어났습니다. 산티아고 데 콤포스텔라(Santiago de Compostela)의 Santiago는 라틴어 상테 야코베(Sancte Jacobe[Oh, Saint Jacob])의 스페인어 Santi Yague가 이름이 된 것입니다. Compostela는 별에 인도되어 대 야고보의 유체가 이르렀다는 전설에서 태어난 라틴어 캄푸스 스텔라에(Campus Stellae : 별의 들판)가 어원이지요.

콤포스텔라의 산티아고 성당은 그리스도 교도의 사라센인에 대한 성전(聖戰)인 레콘키스타(국토회복운동)의 상징적 존재가 되었습

베드로 예수의 12사도의 리더. 갈릴리에서 어부 요나의 아들로 태어나 어부 생활을 하다가 예수의 제자가 되었다. 원래 이름은 시몬이었으나 예수가 베드로 또는 아람어로 게파라는 이름을 지어주었는데 모두 '반석'이라는 뜻이다. 초대 로마 교황.

안드레아 베드로의 동생. 벳사이다 출신의 어부이자, 원래 세례 요한의 제자였으나 형 베드로와 함께 예수의 부름을 받고 제자가 되었다.

대 야보고 제베대의 아들로, 베드로와 함께 어부 생활을 하던 중 예수의 제자가 되었다. 44년에 헤로데스 왕에 의해 죽어 12사도 중 첫 순교자가 되었다.

요한 제베대의 아들로, 대 야고보의 동생. 세례 요한의 제자였다가 예수의 제자가 되었으며 예수가 십자가에 매달릴 때 곁에 있었던 사람이다. 12사도 중 베드로, 대 야고보와 함께 가장 유명하며 예수가 가장 사랑한 사도.

빌립보 이름의 뜻은 '말을 사랑하는 사람'이며, 뱃세다 출신으로 나다나엘을 인도했다. 예수가 오병이어의 기적을 행할 때 안드레아와 함께 시험을 당했다. 예수에게 하느님을 보여달라고 하기도 했다.

마태오 알패오의 아들로, 제자가 되기 전에 로마제국의 세금 징수관(세리)이었다.

시몬 가나안 출신으로, 소 야고보와 유다 및 요셉의 형제. 예수의 제자가 되기 전에는 유대민족의 해방을 위해 싸우는 열심당의 일원이었다.

토마스(도마) 갈릴리 출신의 어부로, 도마라는 이름은 '쌍둥이'라는 뜻이다. 12사도 중 가장 의심이 많았다. 예수가 부활했을 때 예수를 직접 보지 않고는 스승의 부활을 믿지 않겠다고 고집하다가 예수를 보고서야 마침내 "나의 주님, 나의 하느님!" 하고 고백했다.

바르톨로메오 예수를 하나님의 아들, 이스라엘의 왕이라고 부른 최초의 인물.

유다 타대오 소 야고보의 동생. 팔레스타인에서 순교했다고 한다.

소 야고보 알패오의 아들이며 유다 타대오의 형. 알려진 자료가 거의 없으며 소 야고보란 키가 작기 때문에 붙여진 것이라 여겨진다.

가리옷 유다 예수의 열 두 번째 제자로 회계를 담당했다. 은 30냥에 예수를 팔아넘기고 자살했다.

니다. 그리고, 11세기에서 20세기에 걸친 순례 전성기에는 프랑스, 이탈리아, 영국, 독일은 물론, 스칸디나비아 국가들이나 헝가리, 폴란드에서도 수많은 순례자가 찾아왔습니다. 콤포스텔라의 대 야고보는 고전하는 그리스도 교도를 하늘에서 내려와 도와준다는 백마의 기사로 이미지화되었고, 산티아고는 이교도와 싸우는 그리스도의 전사를 지키는 성인이었습니다. 이 산티아고 상에는 신에게 전면적으로 축복받아 승리와 풍요를 약속받았던 족장 야곱의 모습이 투영되어 있습니다.

스코틀랜드의 자랑 제임스

제임스(James)는 라틴어 성서에는 야코부스(Jacobus)에서 구어적

산티아고 대성당.

으로 변한 야코무스(Jacomus)가 고대 프랑스어로 자무스(James)가 되어 12세기 무렵에 잉글랜드에서도 쓰이게 되었던 이름입니다. 영어로는 제이콥(Jacob)과 제임스(James)가 각각 독립된 이름으로 통용되고 있습니다. 그것은 1611년에 간행된 『흠정역성서』에서 이삭의 아들 야곱을 Jacob이라 하고, 신약성서의 야고보를 James라 번역한 데에서 유래합니다.

제임스라는 이름은 영국에서는 제임스 1세(재위 1603~1625) 덕분에 친근해졌습니다. 제임스 1세는 스코틀랜드 왕으로는 제임스 6세(재위 1567~1625)이며, 엘리자베스 1세가 죽은 뒤 잉글랜드 왕이 되어 스튜어트 왕가를 열었습니다. 그러나, 스코틀랜드 왕 제임스 6세가 잉글랜드 왕 제임스 1세가 된 것에서 알 수 있듯이, 당시 잉글랜드에서 제임스는 스코틀랜드적인 울림을 갖는 이름이었습니다.

제임스라는 이름이 스코틀랜드에서 쓰이게 된 것은 산티아고 데 콤포스텔라에의 순례가 성해졌던 12세기 무렵입니다. 스콘의 돌(Stone of Scone) 전설도 스코틀랜드에서 콤포스텔라의 성 야고보 숭배가 강했음을 나타내고 있습니다. 스콘의 돌은 아일랜드의 타라의 상왕(high king)이 대대로 왕위의 상징으로 했던 '운명의 돌(Stone of Destiny)'에서 유래한 것입니다.

이 돌은 성지 예루살렘이나 스페인의 콤포스텔라에의 순례가 있었던 시대에, 구약의 야곱이 베개로 삼았던 돌과 연결되었습니다. 전설에 따르면, 야곱이 베개삼았던 이 돌은 스페인의 콤포스텔라에 있었는데, 스코틀랜드 최초의 왕가인 달리아다 가(家)가 콤포스텔라에서 스코틀랜드로 갖고 돌아왔다고 하여 왕권신수설의 근거를 나타냄과 동시에 국가번영의 상징이 되었습니다.

이 운명의 돌은 에드워드 1세 시대에 잉글랜드가 갖고 가서 최근까지 웨스트민스터 사원의 영국 왕의 대관식에 사용되는 의자(the coronation chair) 밑에 놓여 있었습니다. 그러나, 스코틀랜드 독립운동이 고조되면서 스코틀랜드에 반환되어 현재는 에딘버러 성에 놓여 있습니다.

5.
그리스도 수태의 영광
성모 마리아

마리아의 기원은 복잡

신약성서에는 몇 명인가의 마리아가 등장합니다. 그 중 가장 강하고 깊은 신앙심을 사람들에게 불러일으킨 것은 뭐라해도 성모 마리아입니다. 그 신앙은 소아시아에서 시작되어 비잔틴에서 확립되고 마침내 서유럽에 전해졌습니다. 그리고, 십자군 시대에는 열렬한 마리아 숭배가 유럽에 퍼져 이상의 여성으로서, 또한 신에게 중재하는 자애로운 어머니로서 마리아상이 깊숙이 사람들에게 침투했습니다.

마리아는 성령으로 수태하는데, 수태고지를 하며 천사 가브리엘은 '은혜를 받은 자여 평안할지어다. 주께서 너와 함께 하시도다'(누가복음 1장 28절)고 고합니다. 그리고 임신한 마리아는 다음과 같이 신을 찬미합니다.

내 마음이 하나님 내 구주를 기뻐하였음은

그의 여종의 비천함을 돌보셨음이라

보라 이제 후로는 만세에

나를 복이 있다 일컬으리로다.

능하신 이가

큰 일을 내게 행하셨으니

그 이름이 거룩하시며

긍휼하심이 두려워하는 자에게

대대로 이르는도다.

그의 팔로 힘을 보이사

마음의 생각이 교만한 자들을 흩으셨고

권세 있는 자를 그 위에서 내리치셨으며

비천한 자를 높이셨고

주리는 자를 좋은 것으로 배불리셨으며

부자는 빈손으로 보내셨도다.

그 종 이스라엘을 도우사

불가타 성서   391년~401년경에 성서학자 성 히에로니무스가 라틴어로 번역한 성서. 구약은 히브리 원전을, 신약은 『70인역 성서』(그리스어)를 토대로 번역했다. 때문에 히브리 원전에 없는 제2경전(토빗, 유딧, 에스델서 일부, 다니엘서 일부, 지혜서, 집회서 등)이 빠져 논란이 일지만 점차 널리 교회에서 사용되었으며, 1546년 트리엔트 종교회의에서 공용 성서로 정해졌다. 1592년 클레멘스 8세에 의해 나온, 제2경전 포함 개정본이 로마 가톨릭 교회의 표준 성서로 공인되었다.

긍휼히 여기시고 기억하시되

우리 조상에게 말씀하신 것과 같이

아브라함과 그 자손에게 영원히 하시리로다 하니라.

(누가복음 1장 47~55절)

이것은 '마리아의 찬가'로 불리며 그레고리오 성가로도 불려 왔습니다. 이 찬가에는 그리스도교의 신의 사랑이란 어떤 것인지를 멋지게 읊으며 은총에 싸여 신을 열렬히 찬미하는 마리아가 노래되고 있습니다. 마리아라는 이름은 구약성서에 모세와 아론의 자매 미리엄으로 등장합니다. 히브리어로는 **MRYM**이라 적혀 있었습니다. 이것을 그리스어로는 Miriam이나 Miryam이라 표기했지만, 구약성서 그리스어판 정판인 『70인역 성서』에서는 마리암(Mariam)이라고 표기했고 중세의 라틴어역 성서 정판인 『불가타』에서는 Maria라고 표기했습니다.

Miriam의 어원에 대해서는, 모세의 이름도 남동생 아론의 이름도 이집트 기원이라는 사실에서 이집트에 뿌리를 둔 이름이 아닐까

70인역 성서   현존하는 가장 오래된 그리스어 구약성서. 예수 그리스도와 사도들도 이 『70인역 성서』로 복음을 전파했다. 72명의 학자가 번역에 참여했다는 전설에 따라 붙여진 이름으로, 셉튜아진타(Septuaginta, 라틴어로 70)라고도 불린다. 원래 구약성서는 히브리어로 쓰였는데 기원전 3세기 초에 그리스어를 쓰는 디아스포라 유대인(해외거주 유대인)들을 위해 그리스어로 번역했다. 히브리 성서에 없는 제2경전이 포함되어 있었으며, 제2경전과 신약은 그리스어로 씌어 있다.

하는 추측이 있습니다. 그러나, 그 기원은 전통적으로 히브리어로 여겨져 '고집이 셈', '사랑스러운 아이', '바라던 아이', 또는 '신의 선물'을 뜻한다고도 해석되어 왔습니다. 이만큼 다른 해석이 된다는 것 자체가 그 어원이 복잡하다는 것을 보여줍니다.

마리아에 스며 있는 풍요, 승리, 사랑의 염원

마리아에 대해서는 기원 2세기에 쓰여진 신약성서 외전 『야고보 원복음서』에 성령으로 안나로부터 태어났다는 것, 성령으로 처녀인 채로 수태한 것, 그리고 지성한 신의 어머니가 되었음이 성인전설 풍으로 묘사되어 있습니다. 그리고 앞에 쓴 『누가복음』의 마리아 수태 이야기나 성서 외전의 이야기가 기초가 되어, 431년에 소아시아의 국제도시 에페소스에서 열린 종교회의에서 신의 어머니로서의 신성을 정식으로 인정받았습니다. 그 뒤로 마리아 숭배가 순식간에 퍼졌습니다.

마리아 숭배의 기원은 메소포타미아 북서부, 오늘날의 터키 남동부에 있는 고대 시리아의 도시 에뎃사라 여겨지고 있습니다. 이 지역은 고대 바빌로니아의 태여신(太女神)인 이슈타르 숭배가 성했던 곳이었습니다. 풍요와 승리, 사랑의 여신인 이슈타르는 하늘의 여주인(Lady of Heaven)인데, 그 이름의 원뜻은 '별(star)'입니다. 마리아에 덧붙여진 속성은 물론, 마리아가 그리스도에 의해 하늘로 불려가 제관되었다는 전설에서도 이슈타르의 영향이 보입니다.

신의 어머니로 인정받은 이후로 비잔틴 제국에서는 아테네의 수

다빈치의 「수태고지」.

호신 아테나의 속성도 덧붙여져 마리아는 국가의 '수호신'으로 여겨지게 되었습니다. 그리고, 콘스탄티노플이 위기에 빠졌을 때 마리아는 사람들이 승리를 기원하는 대상으로서 시민들의 사기를 높이는 기인(旗印)이 되었습니다. '신의 어머니'는 다시 말하면, '승리를 가져오는 자(Nikopoia)'이자 영웅들의 지도자인 지적이고 냉정한 승리의 여신 아테나 니케(Athena Nike)의 성격을 띤 것이기도 했습니다.

이렇듯 마리아는 풍요의 여신, 전쟁의 수호신, 그리고 무조건적인 사랑을 주는 자모(慈母)라는 성격을 갖고 있었습니다.

영원의 여성

서유럽에서 마리아 숭배가 특히 성해지게 된 것은 성지순례가 유행하게 된 10세기 무렵부터인데, 12세기 초엽부터는 시토 수도회의 영향으로 마리아 숭배는 정점에 이르렀습니다. 시토파 수도사의

83

제복은 흰 옷인데 그것은 성모 마리아의 흰 백합을 상징합니다. 제2차 십자군의 제창자이기도 했던 시토 수도회의 성 베르나르두스는 서유럽의 마리아 숭배 창시자로 여겨지고 있습니다. 그는 성모 마리아를 찬양하는 수많은 찬미가를 만들고 수많은 설교를 썼습니다. 설교의 주제는 구약성서 중 『아가』라 여겨지고 있습니다.

『아가』는 솔로몬과 시바의 여왕의 축혼가로, 기원은 젊은 남녀의 사랑의 승리를 노래한 수메르인의 서정시입니다. 이 『아가』에 등장하는 시바의 여왕은 아자미의 들판에 핀 백합처럼 아름답고, 뺨은 석류처럼 붉고 탐스러우며, 입술은 들의 꿀을 떨어뜨리고, 꿀과 젖이 그 혀 밑에 고여 있다고 읊어지고 있습니다. 풍요의 상징이자 사랑의 상징으로서의 이 여왕은 베르나르두스가 사랑해 마지않는 마리아의 이미지로 승화하고, 기사들에게는 위험에 처했을 때 끝없는 용기와 헌신의 기쁨을 부여하는 영원의 여성 라 데임(la dame : 귀부인)과 겹쳐졌습니다. 그런 라 데임에게, 죄 사함을 신에게 중재하는 자애 가득한 신의 어머니 이미지가 겹쳐서 열렬히 떠받들어지게 되었습니다.

프랑스어의 노트르담(Nortre Dame : our Lady)이나 이탈리아어의 마돈나(Madonna : my Lady) 등은 성모 마리아의 별명이자 기사들이 동경하는 여성상과 성모 마리아상이 엮인 것입니다. 라 데임의 가장 전형적인 역사 속 인물로는 루이 7세와 함께 십자군에 참가했던 엘레오노르나 성왕 루이 9세와 십자군에 참가했던 마르그리트가 있습니다. 두 왕비는 남편 못지 않은 활약으로 기사들의 사기를 크게 높인 인물로, 시인들은 그녀들을 이상의 귀부인으로 노래해 주었습니다.

파리의 센강 시테섬에 솟아 있는 노트르담 사원이 착공된 것은 1163년, 루이 7세 치세 무렵이었습니다. 이 시테 섬은 원래 유피테르의 신전이 있던 곳입니다. 거기에 메로빙거 왕조 시대에 마리아에게 바치는 교회가 지어졌습니다. 노트르담 사원은 그 터에 지어진 것입니다.

「아가」 4장 1절~15절　"내 사랑 너는 어여쁘고도 어여쁘다 너울 속에 있는 네 눈이 비둘기 같고 네 머리털은 길르앗산 기슭에 누운 무리 염소 같구나/ 네 이는 목욕장에서 나온 털 깎인 암양 곧 새끼 없는 것은 하나도 없이 각각 쌍태를 낳은 양 같구나/ 네 입술은 홍색 실 같고 네 입은 어여쁘고 너울 속의 네 뺨은 석류 한쪽 같구나/ 네 목은 군기를 두려고 건축한 다윗의 망대 곧 일천 방패, 용사의 모든 방패가 달린 망대 같고/ 네 두 유방은 백합화 가운데서 꼴을 먹는 쌍태 노루 새끼 같구나/ 날이 기울고 그림자가 갈 때에 내가 몰약 산과 유향의 작은 산으로 가리라/ 나의 사랑 너는 수전히 어여뻐서 아무 흠이 없구나/ 나의 신부야 너는 레바논에서부터 나와 함께하고 레바논에서부터 나와 함께 가자 아마나와 스닐과 헤르몬 꼭대기에서 사자굴과 표범 산에서 내려다보아라/ 나의 누이, 나의 신부야 네가 내 마음을 빼앗았구나 네 눈으로 한번 보는 것과 네 목의 구슬 한 꿰미로 내 마음을 빼앗았구나/ 나의 누이, 나의 신부야 네 사랑이 어찌 그리 아름다운지 네 사랑은 포도주에 지나고 네 기름의 향기는 각양 향품보다 승하구나/ 내 신부야 네 입술에서는 꿀 방울이 떨어지고 네 혀 밑에는 꿀과 젖이 있고 네 의복의 향기는 레바논의 향기 같구나/ 나의 누이, 나의 신부는 잠근 동산이요 덮은 우물이요 봉한 샘이로구나/ 네게서 나는 것은 석류나무와 각종 아름다운 과수와 고벨화와 나도초와/ 나도와 번홍화와 창포와 계수와 각종 유향목과 몰약과 침향과 모든 귀한 향품이요/ 너는 동산의 샘이요 생수의 우물이요 레바논에서부터 흐르는 시내로구나"

가톨릭의 자애로운 어머니, 마리아

16세기에 일어났던 원리주의적 경향의 프로테스탄트 운동에서는 마리아의 신성이 부정되고 그 인기가 급격히 쇠퇴했습니다. 그러나 가톨릭 교권에서는 마리아 숭배가 더욱 왕성해졌습니다. 앞서 쓴 가톨릭 종교회의는 반(反) 종교개혁 공회의라 부를 만한 것이었습니다. 공회의에서는 가톨릭교도가 세례를 받을 때는 가톨릭 성인의 이름을 써야만 하고, 만약 부모가 다른 이름을 주장하더라도 제2명으로 가톨릭 성인의 이름을 써야만 한다고 결정되었습니다. 그 결과 가톨릭 교권에서는 특히 마리아의 이름이 압도적인 확대를 보였습니다.

신성로마제국의 종가로서 가톨릭을 옹호하고 프로테스탄트파와 싸웠던 합스부르크가 여성들의 예를 살펴봅시다. 합스부르크가에서는 특히 막시밀리언 1세가 부르고뉴 공국에서 공녀 마리아를 비로 맞아들인 뒤로 마리아라는 이름을 가진 여성이 많아졌습니다. 그 대표격이 마리아 테레지아(Maria Theresia, 재위 1740~1780)입니다.

마리아 테레지아는 재원이라 일컫는 소리높고, 마음씨 곱고, 경건한 가톨릭 신자로 국민들로부터 국모로 추앙받았습니다. 그녀는 로트링겐 대공 프란츠 슈테판과 결혼했는데, 이 금실좋은 부부에게는 16명이나 되는 아이가 태어났습니다.

그 중 4명의 황자와 6명의 황녀가 성장했는데, 6명의 황녀들은 마리안네(Marianne), 마리아 크리스티네(Maria Christine), 마리아 아말리아(Maria Amalia), 마리아 카롤리네(Maria Karoline), 마리아 엘리자베스(Maria Elisabath), 마리아 안토니아(Maria Antonia)입니다. 마리아 크리스티네는 작센공의 아들과 연애결혼하고, 마리아 아말리아는 이탈리아 북부의 파르마(Parma) 공국으로, 마리아 카롤리네는 시칠리아로 시집갔습니다. 그리고, 막내딸 마리아 안토니아는 프랑스의 부르봉 왕가로 시집가서 마리 앙트와네트(Marie Antoinette)라 불렸습니다.

마리아 테레지아 합스부르크 공국의 여황제. 카를 6세의 큰딸로, 토스카나 대공 프란츠 슈테판과 결혼하였으나, 카를 6세가 갑자기 사망함으로써 합스부르크가의 모든 영토를 상속하였다. 그러나, 막상 마리아 테레지아가 오스트리아 황제의 제위에 오르자 바이에른 선제후 카를 알베르트(신성로마제국 황제 카를 7세)가 자신의 오스트리아 제위 계승을 주장해, 8년에 걸친 오스트리아 계승전쟁(1740~1748)이 일어났다. 계승전쟁 중이던 1745년에 숙적 카를 7세가 죽자, 마리아 테레지아는 슐레지엔을 프로이센에 넘겨주는 대가로 남편 프란츠 슈테판을 신성로마제국의 새 황제(프란츠 1세)로 앉히고, 남편과 공동 통치의 형태로 제국을 통치했다. 그러나 프란츠 1세는 명목상의 군주였을 뿐 실질적인 정치는 모두 마리아 테레지아가 장악했다. 당시 들불처럼 번지던 계몽사상의 영향을 받은 절대군주로서, 가혹한 농민 착취를 금하고 국민의무교육제를 실시하는 등 봉건국가에서 근대국가로의 이행의 토대를 닦았다. 자식들에게도 모범을 보여 장성한 10명의 자식들은 어머니를 존경하는 한편 두려워했다고 전해진다. 그러나, 가장 아끼던 딸인 둘째딸 크리스티네가 당시 합스부르크가와 사이가 좋지 않던 작센가의 아들과 사랑에 빠져 결혼하겠다고 했을 때 그들의 사랑을 인정하고 후한 결혼 축하금을 하사하는 등 이름 그대로 인자한 어머니 '마리아' 이기도 했다.

슬픈 마리아에서 퍼진 사랑과 희생의 신비

중세 유럽 최대의 순례지 중 하나인 산티아고 데 콤포스텔라를 가진 이베리아 반도에서는, 오래 전부터 마리아는 서방 십자군이라 할 국토회복운동을 수호하는 상징적 존재가 되었습니다. 이처럼 전통적인 마리아 숭배가 성했던 이베리아 반도에서 마리아 숭배는 사람들의 생활 구석구석까지 영향을 미치게 되었습니다. 거기에 더해 합스부르크가의 스페인 국왕 카를로스 1세, 즉 신성로마제국 황제 카를 5세(재위 1519~1556)가 로마 가톨릭을 옹호하는 데에 온힘을 쏟아붓기도 한 덕분에 스페인에서는 다른 나라에서는 볼 수 없는 열렬한 마리아 숭배가 남았습니다.

그래서, 가톨릭 교도라는 증표로 여자라면 Maria를 제1명으로, 남자라도 제2명으로 쓰는 일이 많아졌습니다. 여자일 경우는 예를 들면 마리아 데 이사벨라(Maria de Isabella)나 마리아 데 로스 돌로레스(Maria de los Dolores) 등이 세례명으로 쓰였습니다. 그리고 일상적으로는 마리아 이사벨라, 마리아 돌로레스 등으로 불리게 되고, 이어서, 이자벨라나 돌로레스 등으로 불리게 됩니다.

마리아 데 로스 돌로레스는 '슬픔의 마리아' 라는 뜻의 이름입니다. 성모 마리아는 특히 슬픔의 측면이 강조되는 일이 많습니다. 오늘날에도 마리아상 눈에서 눈물이 흘렀다는 등의 '기적' 이 가끔 보도되지요. 마리아의 가장 큰 슬픔은 예수의 죽음인데 그것은 피에타(Pieta) 상에 전형적으로 나타나 있습니다.

마리아의 슬픔은 또한 인간의 죄를 슬퍼하는 자애로운 어머니의

미켈란젤로의 「피에타」.

슬픔으로, 마리아가 슬퍼하는 모습에 죄인인 인간들은 신에게 중재하는 그녀의 자애와 구원을 느낍니다. 12세기 유럽의 정신적 지주였던 성 베르나르두스는 그리스도의 수난과 성모 마리아의 슬픔에서 퍼져나간 사랑과 희생의 신비를 체현하는 것이 성직자의 이상이라고 설파했습니다.

이런 슬픔의 마리아를 스페인어로는 마리아 데 로스 돌로레스(Maria de los Dolores : 슬픔의 마리아)라 불렀습니다. 그리고, 식별력없는 마리아 대신에 돌로레스가 통칭으로 쓰이게 된 것입니다.

사랑스런 소녀 롤리타

롤리타(Lolita)는 돌로레스의 애칭입니다. 이 애칭은 롤리타 콤플렉스라는 유행어 때문에 우리에게도 친숙한 말이 되었습니다. 나보코프의 『롤리타』는 중년 남성의 편집적인 소녀애를 그린 소설인데,

그 첫머리에는 다음과 같이 씌어 있습니다.

"아침, 양말을 한 쪽만 신고 선 4피트 10인치의 그녀는 로(Lo)다. 그냥 로다. 슬랙스를 입으면 롤라(Lola)다. 학교에서는 돌리(Dolie)다. 정식 이름은 돌로레스(Dolores)다. 그러나, 나의 팔에 안긴 그녀는 언제나 롤리타(Lolita)다."

이들 호칭의 변화 속에 소설의 주인공 여성을 향한 지은이의 마음이 잘 나타나 있습니다. 로(Lo)는 몸집이 작고 어리디어린 느낌을 줍니다. 롤라(Lola)는 슬랙스를 입은 소녀가 자아내는 '여성'을 느끼게 하는 것이 있습니다. 돌리(Dolie)에는 친구들이 서로를 부르는 가벼움이 나타나 있고, 롤라(Lola)의 애칭 롤리타(Lolita)는 사랑하는 여성을 느끼게 합니다.

롤리타 러시아 출생의 미국 작가 V. 나보코프가 1955년에 쓴 장편 소설. 그 해에 파리에서 출판되어 화제를 모았으나, 다음 해에 판매금지가 되었다가 1958년에 미국에서 재발간되어 베스트셀러에 올랐다. 주인공 험버트는 12살짜리 의붓딸 롤리타에게 마음이 끌려 아내를 자동차 사고로 죽게 하고 롤리타와 사랑의 도피를 한다. 그러나 롤리타는 도중에 달아나고 험버트는 롤리타를 가로채간 퀼티를 찾아내어 죽이고 투옥된다는 것이 줄거리. 회상 형식으로 되어 있으며, 성도착을 다루어 '롤리타 콤플렉스'라는 말의 기원이 된 소설이다.

2장

순교 성인들에 숨어 있는
그리스 신화의 신과 영웅

히브리인들의 마음의 안식처였던 유대교부터 헬레니즘 세계에서 발달했던 그리스도교는 그리스 신화나 그리스 철학의 영향을 강하게 받았습니다. 그것은 신약성서는 물론 비잔틴에서 발달했던 성인전의 성인들의 인물상에 잘 드러나 있습니다. 오늘날 쓰이고 있는 그리스어 어원의 이름은 순교 성인에서 비롯된 것이 많은데, 그들 성인상에는 호메로스를 시작으로 하는 신화 속 신들이나 영웅들의 인물상이 비쳐보입니다.

예를 들면 영어의 여성명 헬렌(Helen)은 스파르타의 미녀 헬레네에서 유래하는 이름이고, 알렉산더(Alexander)는 그 헬레네를 빼앗았던 트로이의 왕자 파리스의 별칭 알렉산드로스에서 유래하는 이름입니다. 마찬가지로 그리스어 어원의 영어 이름 필립(Philip)은 포세이돈의 별칭인 히피오스(Hippios)에서 유래하는 이름이고, 니콜라스(Nicholas)는 승리의 여신 아테나 여신의 별칭 니케(Nike)를 구성요소로 갖는 이름입니다. 조지(George)에는 영웅 페르세우스의 모습이, 마거릿(Margaret)에는 사랑과 성의 여신으로 바다의 진주조개에서 태어났다는 아프로디테의 속성이 덧붙여졌습니다.

이번 장에서는 이들 그리스어에서 비롯된 이름의 어원과 함께, 이들 이름이 어떤 역사를 겪으며 유럽에 퍼졌으며 어떤 의미나 이미지가 덧붙여졌는지를 살펴봅시다.

1.

운명의 미녀

헬레네

그리스 · 로마 고전의 상징

그리스에서 기원하는 이름 중 가장 친근하게 느껴지는 것은 헬레네(Helene)일 것입니다. 헬레네는 호메로스의 『일리아스』나 『오디세이아』에 등장하는 운명의 미녀입니다. 제우스가 백마로 변해 스파르타의 왕비 레다와 잠자리를 함께 해 낳게 한 딸로, 미와 사랑의 여신 아프로디테도 질투할 정도의 여성입니다. 그러나 그 아름다움이 자신에게도 주변 사람들에게도 재난이 됩니다.

헬레네는 스파르타의 왕 메넬라우스의 비이면서 손님으로 묵고 있던 트로이의 파리스에게 유혹 당해 도망쳐 행방을 감춥니다. 그것이 원인이 되어 트로이는 그리스군의 총공격을 받아 멸망합니다. 이처럼 헬레네는 많은 영웅들과 나라에 파멸을 불러왔습니다.

그러나 헬레네의 아름다움에는 모든 분노를 누그러뜨리는 매력이 있어, 트로이의 장로들도 "이런 여자를 위해서라면 트로이 세력도, 이카리아 세력도, 긴 세월 고난을 견디는 것도 무리가 아니로다"(『일리아스』제3가) 하고 중얼거리지요.

호메로스의 『일리아스』와 『오디세이아』는 고대 그리스의 문화와 교육의 기반이었습니다. 그리고, 그리스를 모방했던 고대 로마 시민들의 정서교육의 기둥도 됩니다. 그래서 예전부터 헬레네는 그리스 로마 고전을 상징하는 이름으로 문학작품 등에 자주 등장합니다. 괴테의 『파우스트』에서 헬레나(Henena)는 고전미를 상징하는

독일의 대문호 괴테가 평생에 걸쳐 쓴 희곡으로, 2부로 되어 있다. 제1부에서는 노학자 파우스트가 지식의 무기력함에 절망하다가 악마인 메피스토펠레스와 계약을 맺고 쾌락을 찾아나선다. 계약에 의해 청춘을 되찾아 여행길에 오른 파우스트는 순결한 소녀 그레트헨을 사랑하게 되지만, 이 사랑 때문에 그녀는 어머니와 자신의 아기를 죽이고 처형을 당한다. 고뇌와 굴욕 속에서 반미치광이가 된 그레트헨을 구하려는 노력은 허사가 되고, 파우스트는 메피스토펠레스에게 이끌려 그곳을 떠난다. 이 에피소드는 '그레트헨 비극'이라고도 불린다. 제2부에서 파우스트는 신성로마제국 황제의 궁정에 가서 그리스 전설의 미녀 헬레네를 불러냈다가 그녀와 결혼까지 하게 된다. 오이포리온이라는 아들도 태어나지만 그는 하늘을 날려 하다가 바위에 떨어져 죽고 그 슬픔 때문에 헬레네도 저승으로 돌아간다. 이 에피소드는 '헬레네 비극'이라 불린다. 이 사건을 끝으로 파우스트는 향락적 생활을 포기하고 차츰 다수자의 행복을 위한 활동에 몰두하게 된다. 반란군을 진압한 공로로 불모지를 하사받은 파우스트는 그 땅을 개발하여 낙원으로 만들기 위해 노력한다. 1백살이 된 파우스트는 눈까지 멀지만 마음은 환희와 평화를 얻고는 죽는다. 메피스토펠레스는 자신이 내기에 이겼다고 착각하지만 천사들은 파우스트의 영혼을 천상으로 데려간다. 그리고 그레트헨이라는 천사가 그를 맞이한다.

여성이자, 파우스트가 빛나는 뺨과 붉은 입술을 가진 헌신적인 서민의 딸 그레트헨과의 사랑에서는 얻을 수 없었던 영원한 사랑을 구하려 결혼하는 이상의 미녀입니다.

미국의 시인 에드거 앨런 포는 「To Helen(헬렌에게)」이라는 세 개의 스탠저(시의 절이나 연. 보통 운율을 가지며 4행~8행으로 이루어짐 — 옮긴이)로 된 시의 제2스탠저에서 헬렌의 아름다움을 그리스 로마 고전에의 동경을 더해 다음과 같이 노래하고 있습니다.

히야신스 같은 그대 머리칼, 우아한 그대 얼굴

물의 여신 같은 그 자태

그대의 모든 것은, 오랫동안 거친 바다를 떠돌던

나를 이끌어가네

그날의 그리스의 영광으로

그날의 로마의 빛으로.

헬레네(Helene)는 라틴어로는 헬레나(Helena)가 됩니다. 이 이름의 어원에 대해서는, 그리스 이전의 민족에 기원이 있을 것이라는 설이 있습니다. 그러나, 헬레네는 전통적인 그리스어 helios(태양)나 helene(갈대의 화톳불) 등과 관계지어져 '빛나는 자' 라는 뜻의 이름으로 여겨졌습니다.

헬레네는 Hellen이라고도 쓰는데, 이 경우는 그리스의 시조 헬레노스(Hellenos)와 관련된 것일지도 모른다고 여겨지고 있습니다.

콘스탄티누스 대제의 어머니, 성녀 헬레나

절세의 미녀이자 영원한 연인 헬레네는 사랑 때문에 트로이에 파멸을 안겨준 악녀이기도 합니다. 그러나 헬레네는 누가 뭐라해도 제우스의 딸입니다. 죽은 뒤에는 신들에게 선택된 인간들만이 갈 수 있는 낙원인 엘리시온에서 쉬는 것이 허락되었습니다. 이처럼 명예로운 헬레네는 그리스도 교도에게는 콘스탄티누스 대제의 어머니이며, 예수가 못박혀 처형된 '진정한 십자가'의 발견자라고 전해지는 성 헬레나(St. Helena, 255~330?)에 감화받은 이름으로 되살아났습니다.

성 헬레나는 여관집 하녀였다고 하는데, 콘스탄티누스와 동침해 대제를 낳았습니다. 그런데, 콘스탄티누스는 출세에 척척 박차를 가해 마침내 막시밀리아누스 황제(재위 286~305)의 부제(副帝)가 되었습니다. 그러자 콘스탄티누스에게 정략결혼 이야기가 나오고,

'진정한 십자가'를 발견한 성 헬레나.

황제의 양녀 테오도라와 연을 맺기 위해 헬레나는 절연 당합니다.

그러나, 황자인 콘스탄티누스가 황제에 즉위하자 헬레나는 황제의 어머니로 추앙받게 되었습니다. 그리고, 콘스탄티누스 대제가 신격화되자 대제의 어머니 헬레나에 관해서도 다양한 전설이 태어났습니다.

그 가운데 하나가 '진정한 십자가'의 발견입니다. 그에 따르면 헬레나는 그리스도교에 귀의하고 사재를 털어 그리스도교 보급에 힘썼습니다. 그리고, 320년 무렵에는 예루살렘을 방문해 예수가 처형당했다는 십자가를 발견했습니다. 그 십자가는 '진정한 십자가'로서 대제가 발견했던 성 묘지 위에 세워진 성 묘지 교회에 안치되었고, 그리스도교의 가장 중요한 성 유물이 되었습니다.

이 '진정한 십자가' 전설을 근거로 5세기에는 성지순례가 성해지고 성 헬레나의 이름이 널리 유럽에 알려지게 되었습니다. 제1차 십자군에서는, 나중에 성 묘지의 수호자로 이름을 날린 고드플로어가 이끄는 부대가 예루살렘을 공략했을 때 '진정한 십자가'의 나뭇조각이 재발견되었다고 여겨졌습니다. 그리고 그 나뭇조각은 고드플로어 군대를 고무시키기 위해 전장에도 가져갔습니다. 이렇게 해서 '진정한 십자가'의 발견자로서 헬레나는 중세에 신앙이 왕성해져 수많은 교회가 그녀에게 바쳐졌습니다.

헬레네의 환생 알리에노르

십자군 원정은 호메로스의 『일리아스』에 묘사된 그리스군의 트로이 원정에 비교되었습니다. 그 십자군에, 트로이의 헬레네에 비교되는 아키텐의 알리에노르(Aliénor, 1122?~1204)가 등장합니다.

그녀는 프랑스 최대의 공가인 아키텐가에서 태어나 프랑스왕 루이 7세에게 시집갔고, 제2차 십자군에 참가했으며, 또한 루이 7세와 이혼하고 잉글랜드의 헨리 2세의 비가 되고, 사자왕 리처드와 존왕의 어머니가 된 여성입니다.

알리에노르는 눈처럼 새하얀 피부, 빛나는 푸른 눈, 높고 고상한 코를 가진 사람이었으며, 지성과 미모가 어우러진 그 모습은 주변 사람들의 마음을 뒤흔들지 않을 수 없었다고 전해지고 있습니다. 풍성한 금발이 어깨에서 등까지 물결치고, 그 모습에는 기품과 위엄이 떠돌아 자리에 있던 사람들이 그 아름다움에 숨을 삼켰다고 합니다(『왕비 엘리아노르』 16쪽). 이렇게 묘사된 알리에노르의 모습은 그리스 신화의 헬레네의 아름다움 바로 그것이었다고 말할 수 있습니다.

알리에노르는 십자군의 영웅이자 투르바두르(중세 남프랑스의

아들 존왕과 함께 있는 알리에노르.
1200년에 그려진 프레스코화이다.

귀족 출신 음유시인 ─ 옮긴이)의 제1인자이기도 했던 아키텐공 기욤 9세(재위 1086~1126)의 손녀딸로 궁정에서 자랐습니다. 투르바두르들이 노래했던 것은 주로 육감적인 연애시로, 베누스(비너스)적 사랑의 찬가라 부를 만한 것이었습니다. 그런 연애시에서 알리에노르는 '세계의 장미'라고 불렸습니다. 기욤 9세의 궁정에서 자란 알리에노르에게는 수많은 구혼이 있었고, 그녀 자신도 그것을 즐겼으며, 할아버지와 마찬가지로 연애시를 썼습니다.

그리고 루이 7세와 결혼한 뒤에도 이런저런 기사들과의 로맨스가 끊이지 않았습니다. 그 한 예가 남편과 함께 제2차 십자군에 참가해 안티오키아에 머물던 중에 아버지 기욤 10세의 동생인 안티오키아 후작 레이몬과 정을 통했다든지, 프랑스에 귀국한 뒤에 손님으로 파리를 방문하고 있던 앙주가의 앙리, 즉 나중의 잉글랜드왕 헨리 2세와 정을 통했다는 소문입니다.

그런 알리에노르 주변에는 유럽 곳곳에서 시인이나 음악가 등이 모여들었고 아서왕 전설, 롤랑의 시, 샤를마뉴의 무훈전 등이 노래되고 연주되었습니다. 그리고 알리에노르에게는 차츰 랜슬롯과 불륜에 빠진 아서왕의 비 귀네비어(Guinevere)의 모습이 투영되어 갑니다. 이런 알리에노르에게는 트로이의 헬레네에 쏟아졌던 것 같은 비난이 쏟아졌습니다. 절조없는 바람둥이 여자, 마녀, 닳아빠진 여자, 영토에 집착해 아들들을 전쟁으로 몰아세운 비정한 여자 등이 대표적인 비난이었습니다.

셰익스피어는 『존왕』에서 프랑스왕 필립으로부터 존왕에게 파견

된 대사 샤티온에게 "아들(존)을 선도해 유혈의 전투로 몰아넣은 재
앙의 여신"(제2막 제1장)이라 말하게 하고 있습니다.

　그러나, 중세는 여성이 모든 죄의 원천이자 남성의 소유물로 여
겨지던 시대, 왕후나 귀족 여성이 정치적 도구로 이용되던 시대입
니다. 그런 시대에 알리에노르의 모습은 여성의 매력, 여성의 우위,
또는 사랑에 있어서의 여성의 자유를 체현한 것이기도 했습니다.
때는 바야흐로 아벨라르와 엘로이즈의 열애가 유럽 사람들의 마음
을 사로잡던 시대였습니다. 남녀를 불문하고 알리에노르는 수많은
사람들이 동경하던 존재였음에는 틀림없습니다.

엘로이즈와 아벨라르　중세 최대의 연애사건이라 불리는 연애담의 주인공. 아벨라르(1079~1142)는 당대의 저명한 철학자이자 신학자였고, 엘로이즈(1098~1164)는 파리의 노트르담 수도회 수사인 퓔베르의 조카딸이었다. 39살의 아벨라르는 17살난 엘로이즈의 가정교사로 그녀를 만나고 열렬한 사랑에 빠진다. 그러나, 엄격한 종교적 제약과 더불어 나이차가 심한 스승과 제자의 연애는 비극적일 수밖에 없었다. 엘로이즈의 임신과 출산, 비밀 결혼, 엘로이즈의 분노한 가족들에 의한 아벨라르의 거세 등 예견된 파란이 이어졌다. 결국, 세상의 박해에 실의에 빠진 아벨라르는 생 드니 수도원의 수사가 되고, 엘로이즈도 아르장퇴유 수도원의 수녀가 되어 은둔생활을 하게 된다. 이후 두 사람은 죽을 때까지 두 번 다시 만나지 못하고 편지로만 플라토닉한 사랑을 전했다. 아벨라르가 죽자 엘로이즈는 그의 유해를 인수하여 매장하고 22년 동안 무덤을 지키다가 63살에 눈을 감았다. 엘로이즈가 죽자 그녀의 유언에 따라 연인 옆에 묻기 위해 아벨라르의 묘를 파헤치자 죽은 아벨라르가 두 팔을 활짝 벌려 엘로이즈를 맞아들였다는 전설이 전해지기도 한다. 이들의 사랑은 이후 수많은 문학작품과 그림 등의 소재가 되었으며, 장 자크 루소도 이들의 편지를 바탕으로 소설 『신 엘로이즈』(1761)를 썼다.

　알리에노르는 고대 프랑스어로는 엘리에노르(Elienor)라고도 써, 아키텐의 알리에노르를 영국에서는 엘레아노르(Eleanor)라 불렸습니다. 이 이름은 근대 프랑스어로는 엘레오노레(Éléonore), 근대 영어로는 엘리노어(Eleanor)가 됩니다. 이 이름의 어원은 오늘날에는 게르만계라 여겨지고 있습니다. 그러나 고대 프랑스어형인 Elienor가 Helen의 프랑스어형인 Elaine과 혼동되어, 전통적으로 헬레네(Helene)에서 유래하는 이름이라 여겨져 왔습니다.

2.
파리스의 부가명
알렉산드로스

'백성의 수호자'

알렉산드로스(Alexandros)는 『일리아스』에서는 헬레네를 스파르타의 왕으로부터 빼앗은 트로이의 왕자 파리스의 별칭으로 쓰이고 있습니다. 그는 용모와 힘에서 어느 누구보다도 훌륭한 청년으로 성장해 도적을 쳐부수고 양의 무리와 백성을 지켜내 Alexandros라 불리게 되었습니다. 트로이의 성으로 쫓아오는 아킬레우스의 발뒤꿈치를 활로 쏜 것도 파리스입니다.

Alex-(수호자)와 -andros(인민)에서 생긴 이 이름의 원뜻은 '인민의 수호자'입니다. Alex-는 그리스어 alexein(수호하다)이 어원으로, 그리스어 logos(로고스, 언어)나 라틴어 lex(법)와 마찬가지로 인도유럽 조어(祖語) *leg-(to speak)에서 유래하는 말입니다. 로고스가 그리스도교에서는 신의 언어이자, 신이자, 우주의 창조자임을 보더라도 Alex-가 그 밑바탕의 '지배자'나, '질서의 창조자'를 뜻함을 알 수 있습니다.

그러나, 호메로스가 묘사한 파리스는 자신이 헬레네를 빼앗아온 것이 원인이 되어 트로이가 위험에 빠졌을 때 오히려, 헬레네와의 사랑의 행위에 탐닉하는 한심한 남자의 측면을 갖고 있습니다. 이 부분은 영웅의 인간적인 면이 엿보이는 재미있는 부분이지요.

이상의 왕, 알렉산드로스 대왕

알렉산드로스라 하면 세계사상 최대의 영웅이라 불러야 할 알렉산드로스 대왕(Alexandros, 재위 BC 336~BC 323)이 연상됩니다. 이 위대한 마케도니아왕은 예전에 아케메노스조(朝) 페르시아의 키루스 대왕이 지배하던 소아시아, 시리아, 이집트, 바빌로니아, 그리

다비드가 그린 「파리스와 헬레네」.

103

고 페르시아를 정복하고 인도에 이르는 대제국을 건설했습니다.

『알렉산드로스전』에서 플루타코스는, 알렉산드로스는 전쟁에 임해서는 용맹했고 승리해서는 온화했다고 기록하고 있습니다. 또한, 호적수였던 페르시아왕 다리우스 3세가, 자신이 싸움에 패배해 페르시아인들이 자국 지배권을 잃게 되었을 때에는 알렉산드로스 이외의 사람이 페르시아 왕좌에 오르는 일이 없도록 해달라고 신에게 기도했다는 것도 많은 역사가들이 전하고 있다고도 기록하고 있습니다.

호메로스를 정신적 지도자로 받들고 아리스토텔레스를 스승으로 삼은 알렉산드로스 대왕은 그리스 문화 전수에 열심이었습니다. 그의 원정은 유럽과 아시아를 처음으로 연결한 사업이자 세계사적으로는 15세기의 지리적 대발견에 비교될 일로 여겨지고 있습니다. 대왕은 한창인 33살의 젊은 나이에 병사했지만, 그가 죽은 뒤 소아시아, 시리아, 이집트 등을 중심으로 그리스풍 문화가 꽃피었고, 헬레니즘 문화는 그리스도교 발전의 모체가 되었습니다. 그리고 디오니소스의 화신으로 신격화된 대왕은 모든 헬레니즘 문화권에서 받들어졌고, 그에게 감화받은 이름 알렉산드로스는 가장 인기있는 이름이 되었습니다.

러시아 애국주의의 원점, 알렉산드르 네프스키

그리스에서 비롯된 이름 알렉산드로스는 그리스정교권인 러시아에도 퍼져나갔고, 블라디미르 대공국의 대공 알렉산드르 네프스키(재위 1252~1263)에게 감화받은 이름으로서 가장 전통적인 이름의 하나가 되었습니다. 알렉산드르 네프스키는 겸허한 그리스정교 신자로, 몽골에 지배받아 약체화되었던 러시아를 통합해 독일 기사단이나 스웨덴군으로 이루어진 북유럽 십자군과 싸워, 오늘날의 상트페테르부르크를 흐르는 네바(Neva)강에서 스웨덴군을 쳐부순 무장입니다. 이 승리는 게르만의 동진을 저지해 러시아 재흥의 첫 발을 기록한 일이었습니다. 이로써 그는 러시아 사람들의 애국심의 원점이라고도 말해야 할 존재가 되었습니다.

알렉산드르 네프스키의 원래 이름은 알렉산드르 야로슬라비치(Aleksandr Yaroslavich)였지만, 네바강에서의 승리를 찬양한 사람들은 그를 네프스키(Nevsky[of the Nava])라 부르게 되었습니다. 러시아의 중세 군대 이야기에는, 알렉산드르 네프스키는 "키는 보통 사

영화 「알렉산드르 네프스키」 포스터.

람보다 훨씬 크고, 그 목소리는 대중 속에 있어도 나팔과 같고, 얼굴은 옛 이집트왕이 그의 부왕으로 앉힌 요셉과 같았다. 공은 삼손의 힘을 나눠갖고, 솔로몬의 지혜를 신으로부터 부여받고 있었다"고 되어 있고, 그가 죽자 "러시아의 태양이 저물었다."며 사람들은 슬퍼했다고 적혀 있습니다.

러시아 제국에서는 민족주의의 파도가 밀어닥치던 19세기 초반부터 소비에트 혁명 때까지 알렉산드르 1세(재위 1801~1825), 2세(재위 1855~1881), 3세(재위 1881~1894)라는 3명의 같은 이름의 황제가 배출되었습니다. 알렉산드르 1세는 에카테리나 2세의 손자입니다. 그는 성인(聖人)이자 국민적 영웅인 알렉산드르 네프스키와 알렉산드로스 대왕이라는 양쪽의 자질을 갖추게 하려는 에카테리나 2세의 기대를 짊어지고 있었습니다.

세계에 이름을 떨친 스코틀랜드의 알렉산더들

알렉산더는 영어권에서는 스코틀랜드적인 울림이 있는 이름입니다. 맬컴 3세와 성 마거릿 사이에 태어난 넷째 아들이 스코틀랜드 왕 알렉산더 1세(재위 1107~1124)인데 그 뒤로도 2세(재위 1214~1249), 3세(재위 1249~1286)라는 같은 이름의 국왕이 배출되었기 때문입니다. 알렉산드로스 대왕은 위엄있고 유유자적한 태도를 상징하는 존재여서 중세 때 알렉산드로스는 왕의 위풍을 상징하는 이름이었습니다.

알렉산더라는 이름의 인기에는 또한 자코바이트들의 활약이 크게 영향을 미치고 있습니다. 자코바이트란 1688년의 명예혁명으로 폐위된 스튜어트가의 제임스 2세(재위 1685~1688)의 복위를 지지했던 스코틀랜드인들을 가리키는 말입니다. 그들의 반(反) 잉글랜드적 활동은 1688년부터 거의 반 세기에 걸쳐 정치적으로 큰 의미를 가졌습니다. 그리고, 정치적 의의가 엷어진 뒤에도 자코바이트들은 스코틀랜드인의 향토의식의 근거가 되었습니다. 그 의식이 얼마나 강한지는 하일랜드 지방에서 제임스나 찰스 등과 함께 알렉산더라는 이름이 특히 사랑받게 되었다는 사실에서 잘 드러납니다.

독립전쟁 전에 미국에서 법률가로 활약했던 제임스 알렉산더(1691~1756)는 1715년에 있었던 자코바이트 봉기에 참가했던 인물입니다. 봉기가 실패로 끝나자 그는 미국으로 망명했는데, 그의 아들 윌리엄 알렉산더(1726~1788)는 미국 독립전쟁에서 이름을 떨친 지휘관이었습니다. 또한, 마찬가지로 미국 독립전쟁 때 헌법 제정의 공로자였던 알렉산더 해밀턴(1757~1804)의 아버지 이름이 제임스인데, 그의 할아버지는 스코틀랜드의 지주였습니다. 전화를 발명한 알렉산더 그레이엄 벨(1847~1922)도, 페니실린을 발견한 알렉산더 플레밍(1881~1955)도 스코틀랜드 태생입니다.

3.

말의 신 포세이돈에 감화받은 이름
필리포스

힘과 권위의 상징

인도유럽 어족은 주위의 어떤 어족보다도 먼저 말을 사육하고 길들여 전차용으로 사용했습니다. 그리고, 그 기동력으로 선주 민족을 차례로 정복해 서쪽으로는 대서양, 동쪽으로는 인도에 이르는 지역으로 옮겨갔습니다. 인도유럽 어족의 일파인 그리스인에게도 말은 군사력의 상징이자 권력과 권위의 상징이었습니다. 그리스 신화에서 말은 포세이돈의 성스러운 동물인데, 아주 초기 그리스인에게 신으로 여겨졌던 포세이돈이 말을 그리스인에게 알려주었다고 합니다.

호메로스의 『일리아스』에서 헥토르를 필두로 용감히 싸우는 트로이의 수식어는 '말을 길들이는' 이며, 그리스쪽 즉, 아르고스의 수식어는 '말을 기르는' 입니다. 그리고, 아킬레우스의 갑옷과 투구를 입고 용감하게 트로이군에 돌진해서 헥토르의 칼에 맞는 파트로클로스의 수식어는 '말을 달리는'입니다. 말을 사랑하고 말을 잘 다루는 것은 용감한 이의 조건이기도 했던 것입니다. 또한 『일리아스』에서 크산토스(Xanthos)는 서풍의 신 제피로스의 아들로, 아킬레우스의 불사의 말입니다. 이 명마는 눈에 보이지 않을 정도로 빨리 달릴 수 있어 짝패인 발리오스와 함께 아킬레우스의 전차를 끕니다.

파트로클로스가 출진할 때에도 크산토스는 파트로클로스의 전차를 끌지만, 인간의 슬픔을 이해하고 그의 죽음에 눈물짓습니다. 그리고, 그는 파트로클로스의 원수를 베어 마땅한 전장을 향해 가는 아킬레우스에게 죽음이 가까웠음을 인간의 말로 알리지요.

Philippos는 그리스어 philos(사랑하다)와 hippos(말)로 이루어진 명사입니다. 그리스어 형용사 philia는 특히 친구를 향한 '사랑'이라는 뜻인데, 명사 필리포스에는 마음이 통할 수 있는 대상으로서의 말을 향한 애정을 느끼게 하는 부분이 있습니다.

고대의 마키아벨리스트, 필리포스 2세

필리포스(Philippos)는 고대 마케도니아에 전통적으로 많았던 이름으로 필리포스 1세(재위 ?)에서 5세(재위 BC 221~ BC 179)까지 다섯 명의 왕을 배출하고 있습니다. 필리포스라는 이름을 가진 인물로 특히 잘 알려져 있는 이는 알렉산드로스 대왕의 아버지인 필리포스 2세(재위 BC 359~BC 336)입니다. 그는 지략과 책략이 뛰어나 교묘한 외교와 군사력으로 마케도니아를 그리스의 대표 국가

로 끌어올린 인물입니다. 필리포스 2세는 아들 알렉산드로스의 가
정교사로 아리스토텔레스를 초빙하는 등 그리스 문화에 많은 관심
을 가졌으며, 그의 가계는 헤라클레스의 후예라 주장했고, 일반인
도 그렇게 믿고 있었습니다.

아테네의 정치가이자 연설가로 역사에 이름을 남긴 데모스테네
스(BC 384~BC 322)는 몇 번인가의 필리포스 탄핵 연설을 하여 그
의 책략가로서의 면모를 폭로했습니다. 데모스테네스는 연설에서
필리포스를, 주변 각국과 우호조약을 체결하면서 조약을 이용해 힘
을 배경으로 한 실질적인 지배를 지향하는 야심가이자, 음모나 책
략을 부리는 불성실한 남자라고 비난하고 있습니다. 그리고, 아테
네 시민이 개인적인 이익만을 추구해 분열하고 적절한 대항을 하지
않는 것을 한탄하며 민주주의의 훌륭함을 유지하고 싶다면 단결해
일어서자고 호소하고 있습니다.

데모스테네스의 연설에서 읽을 수 있는 것은, 자국을 지키려는
기개조차 잃어버린 그리스인들의 모습과 힘의 논리로 국력을 키워
가는 냉철하고 유능한 군주 필리포스 2세의 모습입니다. 필리포스
를 격렬히 비난하면서 데모스테네스가 한탄하고 있는 것은 필리포
스 같은 지도자를 갖지 못한 아테네의 현실인데, 그 연설은 결과적
으로 필리포스의 매력을 후세에 전하는 것이 되었습니다.

데모스테네스가 전하는 필리포스는 말하자면 고대의 마키아벨
리입니다. 마키아벨리는 『군주론』 18장에서 "군주는 야수의 성질을
적당히 배울 필요가 있는데, 그 경우, 야수 가운데 여우와 사자에게

배운 듯이 해야만 한다. 말인즉, 사자는 책략의 함정에서 몸을 지키지 못하고, 여우는 이리로부터 몸을 지키지 못하기 때문이다. 함정을 꿰뚫어보는 점에서는 여우가 되어야 하고, 이리떼를 깜짝 놀래키는 점에서는 사자가 되어야 한다."고 쓰고 있습니다. 필리포스 2세는 마키아벨리가 말하는 마치 사자와 여우를 멋지게 합친 듯한 군주이며, 그것은 마키아벨리가 당시 피렌체를 재건하기 위해 희구했던 군주상이기도 했습니다.

프랑스의 명군주 필립들

필리포스(필립보)는 그리스도 교도에게는 12사도 중 한 명의 이름으로 알려져 있습니다. 그는 주로 『요한복음』에 기록되어 있는 인물로 안드레아와 시몬(베드로)의 친구였습니다. 그는 "나를 따르라"고 말하는 예수의 목소리에 따라 사도가 되어, 예수가 약간의 빵과 물고기로 5천 명을 배불리 먹이는 기적을 일으키는 것을 눈앞에서 보고 예수가 메시아임을 알게 됩니다(『요한복음』 6장 5~14절). 필립보와 안드레아는 12사도 중에 그리스어 이름을 가진 단 두 명의 인물인데, 그들은 그리스어를 말하는 유대인, 즉, 헬레니스트이자, 그리스인을 예수에게 소개하는 역할을 했습니다(『요한복음』 12장 22절).

사도 필리포스는 그리스, 스큐디아(우크라이나), 소아시아에서 전도활동을 하고, 최후에는 터키 서부의 프리기아에서 돌에 맞아 순교했다고 여겨지고 있습니다. 또한 『황금전설』 62장 「성 사도 필립보」에는 세비야의 대사제 이시돌루스(560?~636)의 전달자로서, 사도 성 필립보는 갈리아 사람들에게 그리스도교를 전파해 이교도들을 인식의 빛으로 이끌고 신앙의 항구로 인도했다는 이야기가 실려 있습니다.

대사제 이시돌루스에 의해 갈리아와 연결된 필립보는, 십자군전 무렵부터 그리스도교가 열병처럼 사람들의 마음을 사로잡았던 프랑스에서 특히 인기 높은 이름이 되었습니다. 그러나, 당시 서유럽 제후는 비잔틴에 대한 강한 동경을 품고 있었기 때문에 그리스적인 이 이름이 사랑받았으며, 알렉산드로스 대왕 다음으로 많은 일화를 가진 마케도니아의 필리포스 2세의 존재도 인기에 영향을 주었을 것입니다.

프랑스의 카페가에서는 필립 1세(재위 1060~1108)부터 5세(재위 1316~1322)까지 같은 이름의 국왕이 배출되었습니다. 그리고 카페가와의 관계 때문에 프랑스의 발로아가, 부르고뉴 공가 등에도

존엄왕 필립.

필립이란 이름을 가진 인물이 많이 배출되고 있습니다. 카페가의 필립 2세(재위 1180~1223)는 잉글랜드의 사자왕 리처드 1세, 신성로마제국의 붉은 수염 프리드리히 1세와 함께 제3차 십자군을 이끈 영웅이었습니다. 내정에서도 교회나 학교를 창립하고 상업을 장려하고 재정을 정비하는 등 그 업적이 두드러져 샤를마뉴의 재래라 일컬어지며, 존엄왕(Auguste)이라 불렸습니다.

부르고뉴 공국의 호용공 필립은 잔 다르크가 활약했던 오를레앙 전투에서도 용감하게 싸웠던 인물입니다. 프랑스 왕위를 엿보는 야심에 찬 인물로 소설 등에도 묘사되고 있습니다. 그는 플랑드르와 인척관계를 맺고, 북해에서 프랑스 남부에 이르기까지 발로아가의

사자왕 리처드 플랜태저넷 왕조의 창시자인 헨리 2세의 셋째 아들로 태어났다. 어머니 엘레아노르와 형제들과 짜고 반란을 일으켜 아버지 헨리 2세와 싸웠으나 1183년 형 헨리가, 1189년에 부왕 헨리 2세가 죽음으로써 왕위에 올랐다. 왕이 된 리처드 1세는 헨리 2세의 대륙정책을 계승하며 프랑스왕 필립 2세의 누이동생과의 약혼을 취소, 관계가 악화되었다. 그러나, 1190년에 살라딘에게 빼앗긴 예루살렘을 탈환하고자, 프랑스의 필립 2세와 신성로마제국 황제 프리드리히 1세와 손잡고 제3차 십자군을 일으켰다. 예루살렘을 함락시키지 못했으나, 이때 전장에서 보인 용맹함에서 '사자왕'이라는 별호를 얻었다. 귀국 도중 빈에서 하인리히 6세에게 붙잡혀 엄청난 액수의 몸값을 물고 풀려났다. 돌아와서는, 왕위를 찬탈했던 동생 존(무지왕 존)을 몰아내고 다시 왕위를 차지했다. 그 뒤 다시 프랑스로 건너가 필립 2세와 싸우다 빗맞은 화살에 맞아 전사하였다. 그는 재위 기간 10년 중 본국인 잉글랜드에 머물렀던 기간은 6개월에 불과하며 나머지는 유럽 각지의 전장에서 보냈다. 당연히 막대한 전쟁비용을 지출해 백성들을 허덕이게 했다. 그러나 그의 용맹성만은 중세기사의 귀감으로 높이 평가받았다.

영토를 둘러싸는 듯한 광대한 지역을 지배 아래에 두었습니다. 부르고뉴 공국의 최성기를 쌓아올린 '선량공' 필립(Philippe Bon, 재위 1419~1467)은 호용공 필립의 손자입니다.

'선량공' 필립은 영민한 왕이라 유럽에 평판이 자자했던 왕인데, 중세 기사도의 꽃이라 칭송받던 금양모 기사단(Order of the Golden Fleece)의 창설자로도 존경받았습니다. 이 '선량공' 필립의 손녀딸 마리아와 합스부르크가의 막시밀리언 1세(재위 1493~1519) 사이에 태어난 장남이 선량공에 감화받아 필립이라 이름붙여졌으며, 스페인의 카스티야 왕국의 펠리페 1세(Felipe I, 재위 1504~1506)가 되었습니다. 그리고, 그 아들 카를로스 1세 즉, 신성로마제국 카를 5세 시대에 스페인 왕국은 대국으로 발전하고, 카를로스의 아들 펠리페 2세(재위 1556~1598) 시대에 최성기를 맞이합니다. 그 뒤 펠리페는 스페인의 영광을 되새김질하는 이름으로서 전통적인 이름 가운데 하나가 되었습니다.

금양모 기사단 1430년 부르고뉴의 선량공 필립이 포루투갈의 이사벨 공주와의 결혼식 때 왕국에서 신심이 깊고 뛰어난 귀족 인재들을 모아 조직한 기사단. 로마 가톨릭교와 기사도의 전통적 관례를 지키기 위해 창설되었으며, 가장 지위가 높고 독실한 귀족만이 기사가 될 수 있었다. 영국의 가터 기사단과 더불어 기독교 세계에서 가장 고귀한 위치를 차지하고 있다. 왜 선량공이 황금양털을 기사단의 상징으로 삼았는지는 알려져 있지 않으나, 그가 플랑드르와의 양모 무역으로 거대한 부를 축적했고, 휴머니즘과 고전문학의 유포를 꿈꾸었기 때문이 아닌가 추측한다.

4.

승리의 여신 아테나 · 니케와

성 니콜라우스

영웅들의 지적인 지도자

니콜라스는 유럽에서 가장 먼저 퍼진 크리스천 네임입니다. 영어로는 노르만인의 잉글랜드 정복 이전에 이름이 이미 있었습니다. 그것은, 프랑크 왕국이 분열된 위기의 시대에 로마교황이 되어 강력한 교황으로 존경받았던 성 니콜라우스 1세(Nicolaus I, the Great, 재위 858~867)의 영향에 따른 것이라 여겨집니다. 독일어 이름 니콜라우스(Nikolaus)는 로마 가톨릭 교회 초대 교황에 감화받은 페터(Peter)에 이어, 요하네스(Johannes)와 더불어 가장 일찍부터 쓰이고 있었습니다. 그리고 12세기 말 무렵부터 널리 일반 사람들에게 쓰이게 되기 시작해 15세기 무렵에는 가장 인기가 높아졌습니다.

니콜라스는 그리스어 nike(승리)와 laos(사람들, 병대)로 이루어진 Nikolaos가 어원이며 라틴어로는 니콜라우스(Nicolaus)입니다.

영어의 Nicholas에서 -ch-라는 철자는 르네상스기의 그리스 고전 부흥풍조 속에서 생긴 것입니다.

전쟁과 경기에서의 승리를 뜻하는 nike는 날개달린 승리의 여신 니케(Nike)로 신격화되었습니다. 니케는 승자들의 머리에 승리의 화관을 씌우는 여신입니다. 고대 그리스 경기대회의 승자에게는 승리의 화관(stephanos : 스테파노스)을 주는 관습이 있었습니다. 제우스의 제전(Olympic games)에서는 올리브가 승리의 화관으로 쓰였고, 아폴론의 제전에서는 월계수나 종려나무가 쓰였습니다. 이 나무들은 모두 상록수로서 불멸과 풍요를 상징하며, 올리브는 또한 평화를, 월계수는 승리를 상징하는 것이었습니다. 종려나무는 그리스에서는 승리의 여신 니케가 들고 있는 것이었습니다.

여신 니케는 아테네의 수호신 아테나와 동일시되었습니다. 파르테논 신전 입구에는 아테나·니케의 신전이 있었습니다. 아테나의 속성으로서의 니케는 전쟁의 여신이기도 했습니다. 그러나, 니케는 전쟁신 아레스(Ares)처럼 폭력적이고 피를 좋아하는 전투적인 신이 아니라 지적이고 냉정한 신으로, 영웅들의 지도자였습니다. 그녀는 제우스를 리더로 하는 올림푸스의 신들과 거인족(Titans)과의 전쟁에서 제우스 편에 서서 전쟁을 승리로 이끌었다고 여겨져 특히 페르시아 전쟁 뒤 열렬히 숭배되었습니다.

뮐러의 성 니콜라우스를 맞아들인 남이탈리아의 노르만인

니콜라우스는 『사도행전』 제6장에 성령과 지혜로 가득찬 평판좋

은 사람 중에서 선택된 최초의 7인의 조제(助祭) 중 한 명으로 등장
합니다. 그 가운데에는 신약시대 최초의 순교자가 되었던 스테파노
스(스테파노)가 있었습니다. 니콜라우스는 안티오키아의 개종자인
데, 다른 조제도 모두 그리스도교로 개종하기 전에 유대교에, 그리
스인이었다고 여겨집니다. 조제들의 최초의 업무는 가난한 이의 복
지와 구제였습니다.

중세 후반의 유럽에서 니콜라우스는 뮐러(현재의 남서 터키의
지중해 연안의 항구도시)의 사제 성 니콜라우스에 감화받아 인기
있는 이름이 되었습니다. 뮐러의 성 니콜라우스에 관한 역사적인
기록은 없습니다. 그러나, 디오클레티아누스 황제의 박해로 옥에
갇혔다가 콘스탄티누스 대제 시대에 출옥해서 325년에 니케아에서
열린 제1회 종교회의에 출석했다는 이야기가 있습니다.

뮐러의 성 니콜라우스에 관해서는, 매춘을 강요 당하는 세 명의
가난한 집 딸에게 세 주머니의 금을 주어 구했다는 전설이 특히 잘
알려져 있습니다. 이 전설을 근거로 성 니콜라우스는 미혼 여성의
수호성인으로 여겨졌습니다. 또한, 아이들을 보호했다는 수많은 전
설에서 아이들의 수호성인으로도 여겨졌습니다. 이것은 가난한 이
의 복지와 구제를 업으로 삼았던 최초의 선택된 조제들의 업무에서
비롯된 전설로 여겨지고 있습니다.

서유럽에서 성 니콜라우스 숭배가 특히 성해지게 된 것은 십자
군 시대입니다. 1089년 봄에 이슬람교도인 셀주크 투르크가 뮐러를
어지럽히자, 남이탈리아의 노르만인은 성 니콜라우스의 유체를 그

들의 도시인 바리시(市)로 옮겼습니다. 그리고 그 묘지 위에 대성당을 세우고 니콜라우스를 바리시의 수호성인으로 모셨습니다. 당시 남이탈리아의 노르만 국왕은 유럽 최강의 국왕이었습니다. 그런 이유도 있어 바리는 일대 순례지가 되었고 유럽의 성 니콜라우스 신앙에 강한 영향을 주었던 것입니다.

『황금전설』 3장 「성 니콜라우스」에는 니콜라우스라는 이름의 뜻을 '민중의, 즉, 통속적으로 저속한 모든 악덕의 극복을 뜻한다. 또는 많은 민중에게 훈계와 실례로써 악덕과 죄를 어떻게 극복할 것인지를 가르쳤던 것이므로, 민중의 승리를 뜻한다'고 해석하고, '이 성인에게는 사람들을 정화하고 빛나게 하는 힘이 있었다'고 씌어 있습니다.

산타 클로스와 성 니콜라우스

일찍부터 유럽에 알려진 성 니콜라우스에 관해서는 다양한 전설이 태어났고, 그것들은 유럽인의 생활에도 커다란 영향을 미쳐왔습니다. 그 전형적인 것이 산타 클로스 전설입니다. 산타 클로스(Santa Claus)는 네덜란드어 산테 클라스(Sante Klaas)에서 변화한 것으로, Klaas는 독일어명 Nikolaus의 단축형 Klaus가 변한 것입니다. 오늘날 우리에게 친근한 빨간 옷과 흰 수염의 사람좋은 할아버지 모습의 산타 클로스는 예전에는 뉴 암스테르담이라 불렸던 뉴욕으로 이민간 네덜란드인들이 만들어낸 것입니다.

독일권의 산타 클로스는 교황 모자를 쓰고 있습니다. 또한, 남독일에서는 산타 클로스가 조수 루프레히트(Ruprecht)를 거느리고 있는 일이 있습니다. 조수 루프레히트와 산타 클로스의 관계는, 오스트리아의 잘츠부르크나 남독일의 웰름스에서 사제로 근무했던 성 루프레히트(710? 사망)에서 유래한 것이라 여겨지고 있습니다.

성 루프레히트는 프랑스 국왕 출신 선교사로 독일 남부의 도나우 강 유역에서 선교를 하고 잘츠부르크 근처에서 암염석을 개발했던 성인입니다. 그러나, 조수인 루프레히트는 파랗고 음험한 악마 같은 얼굴을 하고 있어, 이름은 암염석의 개발자 성 루프레히트에서, 모습은 그리스도교가 정복했던 이교의 전승에서 영향을 받고 있습니다. 그리고 그것은 독일에서는 오래 전부터 전해지는 올드 닉(Old Nick)의 전승이라 여겨집니다.

올드 닉은 음험한 얼굴을 하고 다양한 악을 저지르는 악마(goblin)입니다. 올드 닉의 닉(Nick)은 죽은 이의 영을 수호하는 물의 요정들 닉시(Nixies)에서 비롯된 것인데, 전통적으로 니콜라우스(Nikolaus)의 단축형과 혼동되었습니다. 이 올드 닉은 바다의 요정들의 통솔자라든지, 죽은 자를 바다 저편 안식의 땅으로 이끄는 늙은 오딘이라고 여겨졌습니다. 그리고, 니콜라우스에게 교황의 이미지가 씌워짐에 따라 이교적인 측면이 조수인 루프레히트에게 씌워졌던 것입니다.

5.
풍요와 정의를 지키는
성 게오르기우스

인기 있는 조지

영국에서는 18세기 이후 조지 1세(재위 1714~1727)부터 조지 4세(재위 1820~1830)까지 독일 하노버가 출신의 같은 이름의 국왕이 이어졌습니다. 그리고 그 뒤로도 조지 5세(재위 1010~1936), 조지 6세(재위 1936~1952)라는, 조지란 이름을 가진 국왕이 나오며 이 이름은 오래도록 인기를 유지하고 있습니다. 조지 6세는 현재 영국 여왕인 엘리자베스 2세의 아버지입니다. 미국 조지아주의 조지아는 조지 2세(재위 1727~1760)에서 연유하는 이름입니다. 조지아주는 1733년에 조지 2세의 특허장에 의해 식민지로 경영되었습니다.

조지라는 이름을 들으면 미국의 초대 대통령이었던 조지 워싱턴(1732~1799)을 연상하게 되는데, 그의 이름인 조지도 조지 2세에 감화받아 붙여진 것입니다. 그리고, 그 뒤는 워싱턴 대통령에게 감화받은 이름으로 조지는 미국에서도 전통적으로 인기 있는 이름이 되었습니다.

메소포타미아 신화에서 유래하는 성 게오르기우스

영어명 조지(George)는 그리스어명 게오르기오스(Georgios)가 어원이며, 라틴어로는 게오르기우스(Georgius)입니다. 그리스어 게(ge : 땅)와 에르곤(ergon : 움직임)으로 이루어진 이 이름의 원뜻은 '농부(geogos)'입니다. 이 이름은 지상의 악의 상징인 용(dragon)을 퇴치한 순교자 성 게오르기우스에 감화받아 유럽에서 널리 쓰이게 되었는데, 이 전설에는 메소포타미아에 오래 전부터 있있던 풍요 신화의 영향이 보입니다.

남부 메소포타미아의 수메르 신화에, 태여신 인안나의 사랑을 받으려 경쟁한 양치기 두무지와 농부 엔킴두의 이야기가 있습니다. 지상의 왕들은 하늘의 여왕 인안나와 맺어져야 비로소 지상에 풍요가 온다고 믿고 있었습니다. 신화에 따르면 인안나는 처음에는 건조한 메소포타미아의 여름에 촉촉한 습기를 가져오는 도랑과 물길의 왕 엔킴두를 사랑하지만, 결국은 두무지를 사랑하게 됩니다. 그러나, 평화와 우정을 마음으로부터 염원하는 마음씨 고운 엔킴두는 친구로서 혼례에 참석하고, 그의 밭의 풍성한 이삭을 인안나와 두무지에게 보냅니다.

엔킴두는 북부 메소포타미아의 아시리아, 바빌로니아 신화 『길가메쉬 서사시」에서는 엔키두로 등장합니다. 그는 길가메쉬 왕과 나란히 칭해질 정도의 영웅으로, 호적수이자 친구인 왕과 함께 당시 귀중한 교역상품이던 레바논 삼나무(백향목)를 구하러 가서 그 숲의 수호신 훔바바를 퇴치합니다. 그가 퇴치한 훔바바의 목소리는 홍수이고, 입은 불, 숨결은 죽음이라고 기록되어 있습니다. 이 기술은 그리스 신화에 등장하는 드래곤의 바탕이 됩니다.

성 게오르기우스 숭배 기원은 소아시아의 동부 카파도키아이자, 그 동북쪽에 인접한 아르메니아나 그루지아(Gurziya, Georgia)입니다. 이들 지방은 기원전 7세기에는 이집트를 포함한 전 오리엔트를 지배했던 아시리아의 일부였습니다. 그 뒤로는 페르시아의 지배를 받지만, 기원전 4세기에 알렉산드로스 대왕에게 정복되었습니다. 그리고, 알렉산드로스 대왕 사후, 카파도키아, 그루지아, 그리고 메소포타미아 일부는 마케도니아의 장군 셀레우코스가 왕국을 건설했습니다. 그 뒤, 셀레우코스 왕조는 안티오키아를 수도로 하고 오늘날의 시리아는 물론, 레바논, 이스라엘, 요르단, 터키를 지배하는 대왕국으로 발전해 헬레니즘 문화의 꽃을 피웠습니다. 이 헬레니즘 문화의 영향 아래서, 운하와 관개의 신으로 숭배되었던 농부 엔킴두는 그리스어의 게오르기오스가 됩니다.

제1차 십자군에게 달려간 백마의 성 게오르기우스

전설에 따르면, 성 게오르기우스(Georgius, ?~303?)는 카파도키아 출신의 로마군 기사로, 디오클레티아누스 황제의 박해 때 팔레

성 게오르기우스와 익룡.

스티나에서 순교했습니다. 카파도키아는 반 사막지대로, 응회암으로 이루어진 바위산과 협곡의 암벽으로 중세 초기부터 수많은 동굴 성지나 동굴 수도원이 발달했습니다. 그리고 거기에서 풍부한 빛깔의 그리스도교 회화가 그려지고 다양한 성인전설이 생겼습니다. 메소포타미아의 풍요신화나 서사시에 뿌리를 둔, 여왕 안드로메다를 바다의 괴물로부터 구한 그리스의 영웅 페르세우스나 황금양털을 탈환하기 위해 불을 뿜는 용과 싸우는 영웅 이아손 등의 그리스 신화를 바탕으로 발전했다고 여겨지는 전설로부터, 성 게오르기우스는 풍요를 부르고 지상의 악으로부터 인간을 지키는 정의의 성인으로 숭배됩니다.

성 게오르기우스 전설은 일찍부터 서구에 전해졌습니다. 프랑크족을 통일하고 메로빙거 왕조를 열었던 클로비스(재위 481~511)는 그리스도교로 개종한 뒤 성 게오르기우스를 자신의 왕조의 시조로 삼았습니다.

성 게오르기우스에 관해서는 제1차 십자군이 힘겹게 시리아의 수도 안티오키아를 공략하고 있을 때, 흰 갑옷을 몸에 두르고 흰 말을 타고 하얀 바탕에 붉은 십자가가 그려진 깃발을 쳐들고 나타나 그들을 승리로 이끌었다는 전설이 생겨났습니다. 이 전설을 서구에 전한 것은 정복왕 윌리엄의 둘째 아들로, 안티오키아 공략에 참가했던 노르망디의 로베르로 알려져 있습니다. 십자군의 성공에 열광한 유럽인은 이 이국적인 전설을 근거로 성 게오르기우스를 이상의 기사로 숭배한 것입니다.

성 게오르기우스 전설은 시대와 더불어 다양한 일화가 덧붙여졌습니다. 『황금전설』 56장 「성 게오르기우스」는 그것들을 모아 엮은 것입니다. 그것에 따르면, 성 게오르기우스는 오늘날의 터키 서부 류디아의 시레네를 지나가다 호수에 사는 용에게 제물로 바쳐진 공주를 발견했습니다. 그는 곧장 공주를 구하리라 결심하고 독을 내뿜어 주민들을 괴롭히는 용을 퇴치했습니다. 그리고 왕을 시작으로 많은 사람들을 그리스도교로 개종시켰습니다.

제3차 십자군으로 빛나는 활약을 했던 사자왕 리처드는 성 조지를 자신의 수호성인이라 불렀습니다. 그리고, 또한 1222년 옥스퍼드 교회회의에서 성 조지는 잉글랜드의 수호성인이 됩니다. 영국 국기 유니언잭의 중심을 구성하는 하얀 바탕에 붉은 십자가는 영국의 표상인데, 성 조지의 십자가(St. George's Cross)라고 부르지요.

성 게오르기우스는 독일에서는 성 게오르그(Georg)라 불리고 있습니다. 성 게오르그는 예전의 독일 기사단의 수호성인이자 독일의 수호성인입니다. 때문에 독일에서는 게오르그의 인기가 높으며, 외르그(Jörg)나 고르그(Gorg)도 독일어적입니다. 위르겐(Jürgen)이나 고르겐(Gorgen)의 -en은 부칭사입니다.

봄의 신과 융합한 러시아의 유리

그리스 기원의 게오르기오스(Georgios)는, 러시아어로는 게오르기(Georgij), 에고리(Egorij), 구리(Gurij), 유리(Yurij) 등의 변화형이 있습니다. 이들 이름은 성직자일수록 그리스어에 가까운 게오르기가, 세속에 가까울수록 유리가 사용되고 있습니다.

프랑크의 샤를마뉴에 비유되는 키예프 공국의 야로슬라프 현공(재위 1019~1054)의 세례명은 고(古) 교회 슬라브어로는 게오르기이고, 고대 러시아어로는 유리였습니다. 그는 키예프에 성 게오르기 수도원을 건설하고 수도원 활동을 러시아에 뿌리내리게 했습니다. 이 일 덕분에 러시아에서의 성 게오르기 숭배가 성해졌습니다.

러시아에는 호수나 강에 사는 물의 악령을 퇴치하는 성 게오르기 전설이 있습니다. 이 물의 요정은 기괴한 손톱이 달린 손발을 갖고 꼬리가 있습니다. 그리고 얼굴은 인간의 얼굴이지만 불타는 석탄처럼 빨간 눈을 가진 괴물입니다. 성 게오르기는 이 괴물을 퇴치함으로써 물을 널리 농민에게 해방시킵니다. 해방된 물은 농지를 적시고 풍작을 가져옵니다.

슬라브인들은 성 게오르기우스의 순교일이라 여겨지는 4월 23
일을 성대하게 축하합니다. 이 날은 부활절에 가깝기도 해서 특히
봄의 도래, 자연의 재생, 농경의 시작을 알리는 축제이기도 했습니
다. 어진 대공 야로슬라프(Yaroslav)의 Yaro-는 기쁨의 신 야릴로
(Yarilo)에서 유래합니다. 야로슬로프와 게오르기가 엮인 데에서 슬
라브 신화와 그리스도교의 융화가 보입니다.

아프로디테의 환생, 순교 처녀
마르가리타

진주의 아름다움에서

오늘날 마거릿이라면, 영국 최초의 여성 수상인 마거릿 대처(재임 1979~1990)가 유명합니다. 철의 여인으로 불렸던 그녀의 철저한 보수주의는 영국 경제를 부활시켜 국민의 신뢰를 얻었습니다. 지적인 미모는 그녀의 날카로운 말을 더욱 매력적으로 보이게 합니다. 그녀는 매기(Maggie)라는 애칭으로 사랑받았습니다. 마지(Madge), 메그(Meg), 페기(Peggy), 페그(Peg) 등도 마거릿(Margaret)의 애칭입니다. 『바람과 함께 사라지다』의 지은이 마거릿 미첼은 친구들로부터는 페그라는

젊은 시절의 마거릿 미첼.

애칭으로 불렸고 자신도 친한 친구에게 보낸 편지에는 Peg라고 사인하고 있습니다.

영어명 마거릿(Margaret)은 성서 외전에 등장하는 순교 성녀 마르가리타(Margarita)에서 감화받은 이름입니다. 그녀는 안티오키아의 성녀라 불렸습니다. 『황금전설』에는 성녀 마르가레타(Margareta)로 등장합니다. 『황금전설』 88장 「성녀 마르가레타」에 따르면 마르가레타는 고대 시리아의 도시 안티오키아의 로마 총독을 섬기던 아주 아름다운 처녀였습니다. 그녀는 순결하게 희고, 겸손하게 자그마하고, 옥석처럼 빛을 발하며, 기적으로 병을 고치는 힘을 갖고 있었습니다.

그런 마르가레타는 총독에게 구혼을 받지만 이교도인 총독과의 결혼을 거절합니다. 덕분에 그녀는 여러 가지 박해를 받고 마침내 용에게 먹히고 말았습니다. 그런데 그녀는 그 용의 배를 가르고 상처없이 나옵니다.

마르가리타(Margarita)의 어원은 페르시아어나 히브리어라는 설들이 있습니다. 그러나, 전통적으로는 그리스어 margarites(진주)에서 유래하는 것이라 여겨져 왔습니다. 예로부터 우윳빛의 아름다운 진주는 청정의 상징으로 여겨져 더러운 것을 정화하고 구제한다고 여겨졌습니다. 또한 진주는 처녀임신의 상징으로도 여겨져 그리스도교에서는 마리아의 태내의 예수를 상징하는 것이기도 했습니다. 성서에는 신의 왕국의 12문은 각각 한 개씩의 진주로 이루어져 있다고 씌어 있습니다(『요한계시록』 21장 21절).

성 마르가리타는 성 매리너(Marina)나 성 펠라기어(Pelagia)라는
이름으로도 숭배되었습니다. 매리너(Marina)는 라틴어 mare(sea :
바다)에서 파생한 형용사 marinus(바다의)의 여성형이 이름이 된 것
입니다. 펠라기어(Pelagia)는 그리스어 pelgios(바다의)의 여성형이
고유명사화한 것입니다.

매리너는 원래 사랑과 성의 여신 아프로디테와 관계지어져 아프
로디테 매리너라 불리고 있었고, 마르가리타는 원래는 바다에서 태
어난 태모신 아프로디테에 가까운 존재이기도 했습니다.

헤시오도스의 『신통기』에 따르면 아프로디테는 '바다의 거품에
서 태어난 여자'라는 뜻이며, 보티첼리의 회화인 「비너스의 탄생」에
는 바다에서 진주조개에 실려서 태어나는 아프로디테가 그려져 있
습니다.

보티첼리의 「비너스의 탄생」.

앨프리드 대왕과 헝가리 성왕의 피를 이은 성 마거릿

마거릿(Margaret)이라는 이름은 영어권에서는 앵글로색슨 시대의 영국에 이미 존재하고 있었습니다. 그리고 특히, 스코틀랜드의 맬컴 3세(재위 1058~1093)의 왕비 성 마거릿에 감화받은 이름으로서 전통적인 이름이 되었습니다.

성 마거릿은 앨프리드 대왕의 피를 이어받은 웨식스왕 에드문드 2세(재위 1016)의 아들 에드워드와 헝가리왕 성 이슈토반의 딸 애거서 사이에 태어났습니다. 아버지 에드워드가 데인인의 침입을 피해 헝가리의 이슈토반에게 몸을 맡기고 있는 동안에 헝가리에서 태어난 것입니다. 앨프리드 대왕은 로마 교회의 서쪽 보루가 되었던 인물이고, 이슈토반은 동쪽 보루가 되었던 인물이었습니다.

당연히 마거릿은 겸허한 그리스도교도였습니다. 그녀는 노르만인의 진격을 피해 어머니의 친정이 있는 헝가리로 도망가는 도중 태풍을 만났다가 스코틀랜드 왕 맬컴 3세에게 구조되어 결혼하게 됩니다. 그리고 잉글랜드보다 문화 수준이 낮았던 스코틀랜드에 그리스도교를 보급하고 많은 교회를 세웠습니다. 그 공적으로 성인의 반열에 올랐고, 마거릿이라는 이름은 그 뒤로 스코틀랜드는 물론 영국, 북유럽이나 대륙에서도 인기 있는 이름이 됩니다.

장미전쟁의 와중에 살았던 매서운 여인, 마거릿

영국 왕가에서 마거릿(Margaret)은 가장 전통적인 여성명으로, 이 이름을 가진 왕비나 왕녀가 많이 있습니다. 그 가운데에 앙주가의 마거릿(Margaret of Anjou, 1430~1482)이 유명합니다. 잔 다르크의 눈부신 활약으로 백년전쟁이 영국에게 불리하게 진행되던 헨리 6세(재위 1422~1461, 1470~1471) 시절, 영국은 프랑스 왕가와의 혼인을 통해 프랑스와의 휴전을 꾀했습니다. 그 정략결혼의 상대로 낙점된 것이 당시 프랑스 국왕이었던 샤를르 7세의 비인 마리의 조카이자, 명목뿐인 나폴리 공국의 공녀였던 마르게릿(Marguerite)이었습니다.

열다섯 살에 영국왕에게 시집가 마거릿(Margaret)이라 불렸던 그녀는 결혼한지 얼마 안 되어 남편을 대신해 중요한 결정을 할 수 있게 되었고, 머리좋고 기질 강하고 정략적인 여성임을 보여주었습니다. 무능한 데다 정신이상까지 일으킨 남편 헨리 6세를 대신해 랭카스터가를 이끌고 장미전쟁(1455~1485)에서 싸우게 된 것입니다.

왕비 마거릿은 '붉은 장미의 여왕' 이라 불리며, 흰 장미를 내세

빅토리아 시대에 그려진 앙주의 마거릿 초상화.

운 요크가를 여러 차례 궁지에 몰아넣었습니다. 그러나 결국은 패배해 왕위는 요크가로 옮겨가게 됩니다. 잔인한 처형을 가했다고도 알려져 있지만, 난세를 살았던 여걸이었습니다.

마거릿 왕비는 셰익스피어의 「헨리 6세」나 「리처드 6세」에 등장하는데, 그 여걸다움, 책략가 기질, 냉혹함이 잘 묘사되어 있습니다. 셰익스피어의 최장편 사극 「헨리 6세」는 유약한 헨리 6세 아래서 벌인 권력다툼인 장미전쟁에서 음모와 책략에 춤추는 인간의 모습을 그리고 있습니다. 그리고 왕비 마거릿은 그 싸움의 동인이 되는 인물입니다.

제2부에서 마거릿의 숙적 요크공은 '피얼룩이 묻은 나폴리의 떠돌이 계집, 영국에 피를 흐르게 한 재앙의 지휘관 계집'이라고 말하고 있습니다. 또, 제3부에서는 포로가 되어 마거릿에게 찔려죽기 전의 요크공이 "아아, 여자의 가죽을 뒤집어쓴 호랑이의 마음! 어린아이의 생피를 짜낸 손수건으로 그 아비에게 눈을 닦으라고 명하다니, 그럼에도 잘도 여자의 얼굴을 달고 계시는구려!"하고 마거릿을 큰소리로 비난합니다.

서민의 대표 그레트헨과 그레텔

그레트헨(Gretchen)이나 그레텔(Gretel)은 독일어명 마르가레테(Margarete)의 애칭입니다.

그레트헨은 특히, 괴테의 『파우스트』에 등장하는 가난하지만 빛나는 뺨과 붉은 입술을 가진, 아름답고 청순한 처녀 마르가레테의 애칭입니다. 그레트헨은 교육은 못 받았지만 직관적인 신앙심을 가진 처녀로, 파우스트에게 진정한 사랑을 바치는 여성입니다. 그러나 파우스트와의 사랑을 정당화하기 위해, 파우스트가 권해 마시게 했던 수면제로 자신의 어머니를 실수로 죽이고, 그 죄의식 때문에 파우스트와의 사이에서 낳은 아이도 죽음에 빠뜨리게 됩니다. 그리고 견딜 수 없는 죄의식에 시달려 신에게 몸을 맡기고 재판을 받습니다.

그레텔은 그림 동화 「헨젤과 그레텔」로 아주 친숙한 이름입니다. 그녀는 인간다운 먹거리를 변변히 입에 넣지 못할 정도로 가난한 나무꾼의 딸로, 오빠 헨젤과 함께 숲에 버려지고 맙니다. 그러나, 오빠 헨젤은 신을 믿으며 희망을 버리지 않고 여동생 그레텔을 격려합니다. 한편 그레텔은 오빠를 믿고 신을 믿는 현명한 소녀로, 그녀의 지혜로 마녀의 함정에서 도망치고, 마녀에게 빼앗은 많은 보물을 갖고 아버지 곁으로 돌아와 행복하게 살게 됩니다.

이렇듯, 가난한 그레트헨이나 그레텔의 이미지는 성녀 마르가리테에서 유래한 이름이 서민을 중심으로 인기가 있었음을 반영합니다. 그녀는 안산(安産)의 수호성인이자, 죽을 때에 그 이름을 부르면 저 세상에서 악마의 손으로부터 도망칠 수 있다고 가난한 농민을 중심으로 믿어지고 있었습니다. 도와주려는 파우스트의 청을 거절하고, 그레트헨이 신의 '심판'을 받아들일 때 하늘에서 '구원받았노라'고 말하는 목소리가 들리는 것은, 그녀가 신에게 자신의 심판을 맡김으로써 가능해진 신과의 화합을 뜻합니다. 그리고, 그 화합은 그레트헨이라는 이름에서 괴테가 이미 암시하고 있다고 생각할 수 있습니다.

또한, 그레텔의 이미지는 마테르링크의 동화 「파랑새」의 치르치르와 미치르에서 미치르의 이미지에도 이어지고 있습니다.

3장

동방의 빛을 받아들인 지배자 로마

로마를 이야기할 때, 역사가는 자주 '빛은 동쪽에서' 라는 말을 씁니다. 이 말대로, 군사적으로 전지중해 지역을 제패했던 로마는 문화적으로는 동쪽의 그리스의 빛을 받아 고대의 일류 문명국가가 되었습니다. 그리스의 동쪽에는 그리스도교의 발상지 팔레스티나와 고대문명의 발상지 메소포타미아가 있고, 그리스와 대치하며 그리스 문화에 커다란 영향을 미쳤던 페르시아도 있었지요.

동방의 영향을 볼 수 있는 좋은 예로 로마 건국신화가 있습니다. 그것에 따르면 로마의 시조는 트로이의 왕족 아이네아스입니다. 로마의 건국자 로물루스도, 로마 최대의 영웅 율리우스 카이사르도 아이네아스의 자손입니다. 아이네아스의 어머니는 사랑과 성의 여신이자 승리의 여신이기도 했던 비너스이고, 비너스의 아버지는 유피테르입니다. 주신 유피테르는 물론, 그의 비 유노, 비너스, 그리고 군신 마르스도, 그리스 신화의 제우스, 헤라, 아프로디테, 그리고 아레스를 본뜬 것입니다.

이렇듯, 호메로스의 신화에서 자신들의 권위의 근거를 찾았던 로마인은 차츰 그리스도교에서 권위의 근거와 마음의 안식처를 구하게 되며, 로마는 서유럽의 그리스도교 근거지가 되어갑니다. 그와 더불어 로마신화에서 유래하는 이름도 그리스도교 성인의 이름으로 다시 태어납니다.

이 장에서는 줄리언(Julian), 에밀리(Emily), 마틴(Martin), 루시(Lucy), 다이애너(Diana), 로렌스(Laurence) 등 라틴어에서 비롯된 이름의 배경을 보며, '지난 날 로마의 빛' 이 어떻게 현대에 비치고 있는지 살펴봅시다.

1.
유피테르의 후예
율리우스 카이사르

신들의 아버지, 유피테르

영어의 남성명 줄리언(Julian), 여성명 줄리아(Julia), 줄리엣 (Juliet) 등은 오늘날에도 귀족적인 이미지의 이름입니다. 그것은 이 이름들이 고대 로마 최대의 영웅 시저(Gaius Julius Caesar, BC 100~BC 44)나 로마 제국의 황제나 황제에 가까운 사람들 이름으로 쓰였기 때문입니다. 시저 즉, 가이우스 율리우스 카이사르의 율리 우스(Julius)는 카이사르의 출신 씨족(gens)의 이름입니다. 이 씨족명 은 고대 라틴어명 *Jovilios가 단축된 것이라 여겨지며, 뜻은 '유피 테르의 자손' 입니다.

베르길리우스의 로마건국신화인 『아이네이스』에 따르면 로마의 시조 아이네아스의 아들이 율루스(Julus)이며, 율루스가 로마의 모 시(母市) 알바 롱가를 건설합니다. 율리우스 씨족은 이 율루스로 거슬러올라갈 수 있다고 여겨져 왔습니다. 아이네아스가 트로이의 왕족 안키세스와 비너스(Venus)의 아들이므로, 율리우스가는 비너스를 거쳐 유피테르로 이어지는 가계라는 말이 됩니다.

카이사르는 숙모 율리아(Julia)의 추도연설에서 "율리우스 씨의 시조는 여신 비너스에서 시작되며, 우리 카이사르가는 이 혈통에 이어진다. 그러므로, 숙모의 핏속에는 인간 세계에서 최고의 권력을 가진 왕의 고결함과 그 왕들까지 지배에 속하게 하는 신들의 침범할 수 없는 신성함, 두 가지가 모두 깃들어 있는 것이다."라고 말했다고 스에토니우스가 『로마황제전』에 적고 있습니다.

로마의 주신 유피테르는 신들의 아버지이자 영웅들의 아버지였습니다. 로마 귀족들은 지배자로서 자신들의 자격이나 권위의 근거로서 자신들이 유피테르의 자손임을 주장하며 『일리아스』나 『오디세이아』에서 그 유래를 구했습니다. 『아이네이스』에 따르면 건국의

율리우스 카이사르.

시조 아이네아스는 함락당한 트로이에서 서쪽의 트로이를 건설해야 한다는 유피테르의 계시에 의해 쫓겨났습니다. 그는 이런저런 고난을 극복하며 페니키아인이 건국했던 카르타고를 거쳐 남이탈리아에 도착합니다.

이처럼 유서깊은 남자 이름인 율리우스는 로마에서 아주 일반적인 이름이 되었습니다. 초기 그리스도교도들 사이에서도 많이 쓰였으며, 이후에도 이들 이름을 가진 성인이 많이 배출되기도 했습니다. 로마교황으로는 동방교회에 대한 로마교회의 우위를 주장했던 율리우스 1세(재위 337~352), 르네상스기의 교황으로 산 피에트로 대성당을 수복해야 한다는 구실을 붙여 면죄부를 팔았던 율리우스 2세(재위 1503~1513), 종교개혁 때에 교황지상주의를 굳게 지켰던 율리우스 3세(재위 1550~1555)가 있습니다.

호스피스를 시작한 율리아누스

로마 시민은 개인명(praenomen), 씨족명(nomen), 성(cognomen)을 갖는 것이 보통이었습니다. 그리고, 다른 씨족의 양자가 된 남자는 출신 씨족의 이름에서 파생한 다른 이름(agnomen)을 제4명으로 갖는 것이 관례였습니다. 예를 들면, Julius에서 파생한 율리아누스(Julianus)는 율리아 씨족에서 다른 씨족의 양자가 된 남자에게 붙여진 제4명이었습니다. 이 이름이 차츰 성이나 씨족명으로 쓰이게 되고, 마침내는 개인명으로 쓰이게 되었던 것입니다.

『황금전설』 30장은 율리아누스란 이름을 가진 여러 명의 전설을 전하고 있는데, 그 중에서도 구세성인 율리아누스의 이야기가 잘 알려져 있습니다. 성 율리아누스는 부모를 실수로 죽이고, 그 죄를 씻기 위해 배죄의 일생을 보낸 인물입니다.

율리아누스는 젊은 시절에 사슴사냥에서 쫓아간 사슴에게서 자신의 부모를 살해할 운명이라는 말을 듣습니다. 그는 무서운 운명을 피하기 위해 은밀히 성을 빠져나옵니다. 그리고, 먼 땅에서 영주에게 봉사해 공훈을 세우고 기사로 받아들여졌습니다. 마침내, 그를 찾아내어 찾아온 부모의 이야기로부터 남편의 사정을 알게 된 율리아누스의 아내는 자신들의 침실에 시부모를 재웁니다. 그런데, 아내가 집을 비운 사이에 집에 돌아온 율리아누스는 자신의 부모를 부정한 남녀로 착각해 죽이고 맙니다.

자신의 부모를 죽인 율리아누스는 죄를 씻기 위해 아내와 성을 나와 여행을 합니다. 그리고 커다란 강 연안에 숙박소(hospice)를 짓고 여행자를 안내하거나 병으로 쓰러진 가난한 이들을 위해 헌신합니다. 긴 세월이 흐른 어느 날, 율리아누스는 추위로 죽은 듯 쓰러져 있는 여행자를 발견하고 열심히 간호합니다. 그러자, 그 사람은 곧 회복되어 눈부신 빛 속에서 하늘을 향해 일어서서 신이 율리아누스의 배죄를 받아들였음을 전하지요.

이 전설에 따라 성 율리아누스는 구세성인(the Hospitaler)으로 믿음을 모으게 되고, 길을 헤매다 불안해진 사람이 성 율리아누스에게 기도를 하게 되었습니다. 오늘날에도 율리아누스란 이름을 딴 병원, 복지시설, 학교, 교회 등이 많이 있습니다. 이 성인전설은 자

3세기 무렵 데키우스 황제 때의 순교자. 여행자나 운전자의 수호성인으로 여겨진다. 전설에 따르면 그는 원래 오펠로라는 이름의 가나안 사람으로, 사람들을 어깨에 메고 강을 건너주는 일을 하고 있었다. 그는 힘이 센 사람을 동경해서 자신이 생각하기에 가장 힘이 센 존재인 왕의 신하가 되었다. 그런데, 왕이 악마를 두려워한다는 사실을 알고 이번에는 악마의 종이 되었다. 그러나 악마도 십자가를 무서워한다는 것을 알고는 그리스도를 섬기기로 결심하고 길을 나섰다. 어느날 오펠로는 손님인 어린 아이를 어깨에 메고 강을 건너게 되었는데, 물 속으로 들어가면 갈수록 어린아이가 무거워져서 지팡이를 짚고서야 겨우 건넜다. "이상하군."하고 혼잣말을 중얼거리자 어린 아이가 "너는 지금 전 우주를 옮기고 있는 것이다. 내가 바로 네가 찾던 왕, 예수 그리스도이다."라고 말했다. 그런 일이 있은 다음부터 그는 크리스토포루스(Christophorus)라고 불리게 되었는데, 그것은 그리스어로 "그리스도를 어깨에 메고 간다"는 뜻이다.

기도 모르게 아버지를 죽이고 어머니와 교접한 오이디푸스왕의 그리스 신화와 어린 그리스도를 어깨에 태우고 강을 건넌 성 크리스토포루스 전설의 영향으로 생겨난 것입니다.

귀족의 딸 줄리엣

고대 로마의 여성은 특별히 자신의 이름을 갖지 못하고 씨족명의 여성형을 자신의 이름으로 가졌을 뿐이었습니다. 율리우스 씨족 출신 여성은 모두 율리아(Julia)였습니다. 율리우스 씨족의 권세가 정점에 이름에 따라 로마사에 남는 율리아가 수없이 등장했습니다.

카이사르가 첫아내 코르넬리아와의 사이에 낳은 외동딸 율리아
는 최대의 정적이 된 폼페이우스의 아내가 됩니다. 카이사르의 여
동생 율리아는 로마제국 초대 교황인 아우구스투스의 할머니입니
다. 아우구스투스 교황의 딸도 율리아입니다. 미모와 재기를 겸비
한 그녀는 제2대 교황이 되는 티벨리우스와 불행한 정략결혼을 하
지만 부부 사이는 냉랭했고, 그녀는 남성편력을 거듭하다가 그녀의
품행불량에 화가 난 아버지에 의해 유형에 처해졌습니다.

고대 로마의 가장 유서깊은 이름으로 라틴어적 어형을 갖고 있
는 여성명 줄리아나 줄리애너(Juliana)는 오늘날에도 귀족적인 울림
을 갖고 있습니다. 줄리(Julie)는 줄리아에서 변화한 프랑스어적 애
칭형입니다. 줄리아가 고전적인 울림을 갖는데 비해, 줄리는 부드
럽고 친근감 깊은 인상을 줍니다. 영화 「사운드 오브 뮤직」이나 「메
리 포핀스」에서 사랑스러운 주인공을 연기한 줄리 앤드루스(Julie
Andrews, 1935~)의 본명은 줄리아 엘리자베스 웰스(Julia Elizabeth
Wells)입니다. 줄리언은 여성명으로도 쓰이는데, 줄리언느(Julianne)
는 그 변화형입니다. 다만, 줄리언느는 Julie와 Anne이 합쳐진 이름
이라고도 생각되어 Julie-Anne이라는 이름도 있습니다.

줄리엣(Juliet)은 셰익스피어의 「로미오와 줄리엣」의 줄리엣으로
친숙합니다. 이 이름은 Julia의 이탈리아어형 줄리아(Giulia)의 애칭
형 줄리에타(Giulietta)에서 영어화된 것입니다. 셰익스피어는 당시
영국인이 세련된 느낌이라 여기던 이탈리아적인 이름을 즐겨 썼습
니다.

2.
로물루스의 어머니
아에뮬리아

승리자로서의 자유인

영어의 여성명 에밀리(Emily)는 『폭풍의 언덕』의 지은이 에밀리 브론테(Emily Brontë, 1818~1848)나 미국의 여류시인 에밀리 디킨슨(Emily Dickinson, 1830~1886)으로 잘 알려진 이름입니다. 소설가나 시인과 관계지어진 탓인지, 이 이름에는 로맨틱하고 문학적인 이미지가 떠돌고 있습니다.

에밀리도 로마 건국신화에서 유래하는 이름으로, 라틴어에서는 아에밀리아(Aemilia)나 아에뮬리아(Aemulia)입니다. 이 이름은 라틴어의 동사인 aemulari(경쟁하다, 나란히 서다)의 형용사 aemulus(경쟁하고 있는)가 어원

에밀리 브론테.

입니다. 영어의 peer(귀족)가 라틴어 동사 parare(나란히 서다)를 어원으로 하는 것을 보아도, '나란히 서다' 란 승리자라는 뜻을 가지며, 그것은 자유인을 뜻하고, 지배자를 뜻하는 이름이었다고 여겨집니다. 로마 건국신화에 따르면, 아에뮬리아는 서쪽의 트로이가 되어야 할 로마를 건설한 아이네아스와 라티움(Latium)의 왕 라티누스의 딸 라비니아의 딸 이름입니다.

플루타코스의 『영웅전』「로물루스전」에는 로물루스의 출생에 관해 일치하는 설은 없다면서, 아에뮬리아가 아레스(로마 신화의 마르스)와 교접해 태어난 아이라는 설을 들고 있습니다. 그렇다면 아에뮬리아 씨족은 카이사르의 출신 씨족인 율리아 씨족과 마찬가지로 유피테르로 통하는 가계인 셈이 됩니다.

아에뮬리아 씨족 출신의 역사적 인물로는 루키우스 아에밀리우스 파울루스(Lucius Aemilius Paulus, BC 229~BC 160)가 있습니다. 그는 로마 집정관을 기원전 182년과 168년에 2번 지내고, 기원전 168년 재임 중에는 마케도니아를 쳐부수고 엄청난 전리품을 로마에 갖고 돌아온 것으로 알려져 있습니다.

로마의 숙적 카르타고와의 3번에 걸친 전쟁을 승리로 이끈 스키피오 아에밀리아누스(Publius Cornelius Scipio Aemilianus Africanus Minor, 소小 스키피오, BC 185?~BC 129)는 그의 아들입니다. 이름 아에밀리아누스는 다른 집에 양자로 가 있는 인물이 자기의 신분을 말하는 이명(異名)인데, 그는 제2차 포에니 전쟁(BC 218~BC 201)을 종결시킨 대(大) 스키피오의 장남의 양자였습니다.

보카치오와 초서가 키운 에밀리

로마 명문가의 이름인 아에밀리우스(Aemilius)나 아에밀리아(Aemilia)는 중세시대에는 그리스도교적인 이름이 아니어서 인기가 없었습니다. 그러나, 르네상스기가 되어 고전 로마에의 관심이 높아짐에 따라 차츰 부활했습니다.

보카치오는 장편 역사시 『테제이다』(Teseida : [영] The Book of Theseus)에서 에밀리아(Aemilia)를 여성미를 대표하는 인물 이름으로 썼습니다. 또, 『데카메론』에서는 일곱 명의 젊은 숙녀와 세 명의 신사를 화자로 등장시키고 있는데, 그 숙녀 가운데 한 명의 이름이 에밀리아입니다. 에밀리아를 포함한 일곱 명의 숙녀들은 모두 총명하고, 기품이 넘치는 피가 흐르고, 용모는 곱고, 거동이 우아하고, 맑고 명랑함을 느끼게 했습니다, 라고 씌어 있습니다.

보카치오의 영향을 강하게 받은 초서는 이 에밀리아를 빌려와 『캔터베리 이야기』의 「기사 이야기」에 에멜리에(Emelye)라는 미녀를 등장시키고 있습니다. 그녀는 아테네의 테세우스의 왕비의 여동생으로 비너스라 착각할 정도로 아름답고 디아나처럼 청순한 처녀입니다. 이 고풍스럽고 로맨틱한 이름은 낭만주의적 풍조가 강했던 19세기가 되자 에밀리(Emily)로서 인기 있는 이름이 되었습니다. 이후, 20세기 초까지는 여성명의 윗자리를 차지하고 있었습니다.

루소의 사랑하는 아들 에밀

에밀(Emile)은 프랑스어, 에밀(Emil)은 독일어, 에밀리오(Emilio)

는 이탈리아 · 스페인 · 포르투갈적인 남자이름입니다.

에밀은 프랑스의 계몽사상가 루소(1712~1778)가 1762년에 발표한 소설적으로 구성된 교육론(『에밀』)의 주인공 이름으로 알려져 있습니다. 루소의 교육론은, "만물을 만든 자의 손을 떠날 때 모든 것은 선한 것인데, 인간의 손에 닿으면 모든 것이 악해진다"는 첫머리의 말에 잘 나타나 있습니다. 이 소설은 아이의 성장이나 지적발달, 관심 · 흥미에 의해 그 아이가 체험하면서 발견하는 것을 도와주는 것이야말로 교육이며, 어른의 사정에 따라 지식을 쑤셔넣는 것은 아이를 타락시키는 일이라 생각한 루소의 교육론을 펼친 것입니다.

이처럼 자연성의 회복을 믿었던 루소가 창조한 가공의 학생이

캔터베리 이야기 영국의 시인이자 영문학의 아버지로 불리는 제프리 초서의 최후이자 최고의 걸작. 1387년부터 쓰기 시작했지만 1400년에 초서가 죽음으로써 미완성으로 끝났다. 이야기는 캔터베리 대성당을 참배하는 기사, 시중꾼, 신학생, 방앗간 주인, 법률가, 의사 등 사회 각층을 대표하는 순례자 31명이 런던 템스 강변의 한 여관에 모여서 여관 주인의 제의로 번갈아 이야기를 하는 액자구조로 되어 있다. 미완성인 이야기를 포함해 24편의 이야기가 실려 있다. 「기사 이야기」는 그 가운데 첫 번째 이야기로, 영웅 테세우스가 아마존과 싸우고 그들의 여왕과 결혼한 뒤 아테네로 귀환하면서 시작된다. 도중의 전쟁에서 테베의 귀족이자 기사인 팔라몬과 알시테는 포로로 잡혀 아테네의 감옥에 갇힌다. 어느 날, 두 사람은 테세우스의 왕비 이폴레타의 동생인 에멜리에를 보고 동시에 사랑에 빠진다. 연적이 되고 만 팔라몬과 알시테는 각자 감옥을 탈출하여 사랑을 걸고 무술시합을 벌인다. 이 시합에서는 알시테가 이기지만 이긴 순간, 그만 낙마해서 죽고 만다. 팔라몬과 에멜리에는 몇 년 동안 비탄에 잠겨 있지만, "세상을 움직이는 제1동인인 선한 의지에 순종하라"는 테세우스의 충고를 받아들여 마침내 결혼한다.

에밀입니다. 에밀은 유복한 명문 태생으로, 영혼이 명하는 대로 하는 것이 좋다고 여기는 튼튼한 육체를 가진 남자입니다. 그런 에밀은 키워준 부모이기도 한 젊고 유능한 선생(루소)에 인도되어 사회적, 도덕적, 이성적이면서도 본성을 잃지 않고, 신이나 직업에 얽매이지 않는 자유로운 '인간' 으로 성장해갑니다.

그리고, 성장한 에밀과 결혼하는 이가, 역시 이상적인 교육을 받은 소피(Sophie)입니다. 소피는 '지혜' 를 뜻하는 그리스어 기원의 이름이자 그리스도교적으로는 '상지(上智)' 즉 신의 지혜를 뜻하는 이름입니다. 둘의 결혼은 고전 로마의 이상과 고전 그리스의 이상이 그리스도교적 이상 아래에서 통일됨을 뜻하고 있습니다.

이 루소의 교육론은 프랑스 혁명 뒤에 사람들의 마음을 사로잡아 에밀이란 이름을 즐겨 쓰는 사람이 늘었습니다.

기사의 꽃 막시밀리언

고대 로마 영웅의 이름인 아에밀리아누스는 또한, 기사도의 꽃이자 최후의 기사라 불렸던 신성로마제국 교황 막시밀리언 1세(Maximilian I, 재위 1493~1519)의 이름 속에서 다시 태어났습니다. 이 이름은 라틴어 이름인 막시무스(Maximus)와 아에밀리아누스(Aemilianus)를 합성한 것입니다. 아버지 프리드리히 3세는 한니발을 골치아프게 했던 침착하고 지략 풍부한 장군 파비우스 막시무스(Quintus Fabius Maximus Verrucosus, ?~BC 203)와 스키피오 아에밀리아누스(Publius Cornelius Scipio Aemilianus)에 감화받아 기대를 건 아들에게 이 이름을 붙인 것입니다.

막시밀리언 1세는 빛나는 다갈색 눈을 가진 핸섬한 청년으로 평판이 좋았고, 당시 유럽 서북 도시권의 중심적 존재로 번영하던 부르고뉴 공가의 공주 마리아와 결혼했습니다. 이 결혼을 계기로 합스부르크가는 오스트리아라는 유럽의 변방의 영주에서 유럽의 중심 세력으로까지 발전했습니다. 그리고, 명군주로서만이 아니라 용모나 인격도 국민에게 사랑받고 존경받았던 막시밀리언 2세는 막스(Max)라는 애칭으로 불렸고, 그 이름은 독일권의 전통적인 이름의 하나가 되었습니다.

3.
로마의 군신
마르스

부뚜막에서 솟아난 남근

마르스(Mars)의 어원은 명확하지는 않지만 라틴어 mas(남자다움)라는 설이 유력합니다. 남자다움의 상징은 남성 생식력이고, 남근은 그 상징입니다.

신화에 따르면 마르스는 로물루스의 아버지인데, 플루타코스의 「로물루스전」은 로물루스의 아버지가 부뚜막에서 솟아난 남근이라는 전승을 전하고 있습니다. 다만, 로마가 주위 부족과의 싸움을 통해 힘을 키움에 따라, 마르스를 군신으로 숭상하는 전통이 생겨나게 되었고, 그리스 신화의 군신 아레스(Ares)의 속성이 덧붙여졌습니다. 그리고, 그 어원은 그리스어인 marnasthaè(싸우다)라고 설명되었습니다.

성 마르탱과 채플

영어명 마틴(Martin)은 로마의 군신 마르스(Mars)에서 소유격형 Martius를 거쳐 태어난 라틴어명 마르티누스(Martinus)가 어원이며 뜻은 '마르스에 속한다'나 '마르스의 신자'입니다. 이 이름은 갈리아의 사도라 불리며 프랑스의 수호성인이 된 성 마르티누스, 즉 성 마르탱(St. Martin, 316?~397)에 감화받은 이름으로 유럽 안에 퍼졌으며, 오늘날에도 높은 인기를 누리는 이름입니다.

마르틴(Martin)이란 이름을 가진 인물로는 프로테스탄트 운동의 선구자 마르틴 루터(Martin Luther, 1483~1546)나 미국 공민권 운동의 상징적 존재였던 마틴 루터 킹 주니어(Martin Luther King Jr., 1929~1968) 등이 특히 유명합니다.

성 마르탱은 팬노니아, 즉 오늘날의 헝가리 태생입니다. 아버지는 로마 군인이었으며, 그도 15살에 로마병으로 징병되어 갈리아

마르틴 루터.

지방에서 종군했습니다.

전설에 따르면, 마르탱은 어느 추운 날 아미안에 입성하려다 추위로 떨고 있는 걸인을 발견하고 그를 가엾게 여겨 자신의 외투를 반으로 찢어서 걸인에게 주었습니다. 그날 밤, 마르탱은 그가 주었던 망토를 걸치고 찾아온 그리스도의 꿈을 꾸었습니다. 이것은 마르탱이 18살 무렵의 일이라 여겨지고 있습니다. 이후 마르탱은 열성적인 그리스도교교도가 되었습니다. 그리고, 그리스도의 병사로서의 자신과 로마제국 병사로서의 자신이 서로 용납되지 않음을 깨닫고 당시 황제 율리아누스(배교자 율리아누스)에게 병역 면제를 탄원했습니다. 그러나, 마르탱은 겁쟁이라 비난받고 옥에 갇히게 되지요. 이것은 양심적 병역거부의 첫 예로 여겨지고 있습니다.

성 마르탱이 걸인에게 망토를 주었다는 전설이 유럽인의 종교생활에 얼마나 큰 영향을 갖게 되었는지를 나타내는 이야기가 있습니다. 이 전설을 근거로 성 마르탱의 법의는 성 유물로서 숭배의 대상이 되었습니다. 법의를 라틴어로 카펠라(cappella)라 하는데, 차츰 성 마르탱의 성 유물인 법의를 넣은 상자를 카펠라라고 부르게 되었습니다. 그리고 이윽고, 카펠라를 안치한 예배당을 카펠라라고 부르게 되었던 것입니다. 그 경위는, 9세기에 씌어진 『카롤루스 대제전』에 "이 '카펠라' 라는 명칭은 프랑키아의 역대 왕이 호신부로서 예전에 적을 위압하기 위해 언제나 전장에 지참하던 성 마르탱의 법의에서 유래되었으며, 그들은 제실(帝室) 예배당을 언제나 그렇게 부르고 있었다."고 적혀 있는 것에 의해서도 알 수 있습니다.

이 카펠라가 채플(chapel)이 되고, 예배당 목사(군목)를 채플레인
(chaplain)이라 부르게 되었습니다.

복음자 마르코와 라이언

영어명 마크(Mark)는 복음자 마르코에 감화받은 이름으로, 그리
스도교 세계에서는 전통적으로 인기가 있는 이름입니다. 라틴어로
는 마르쿠스(Marcus), 그리스어로는 마르코스(Markos)입니다. 라틴
어명 Marcus의 고형(古形)은 *Mart-cos로, 이 이름은 로마의 군신이
자 예전에는 풍요의 신이었던 마르스(Mars)에서 유래하는 이름이라
여겨지고 있습니다.

복음자 마르코는 요안네스 마르코스(Ioannes Markos)라고도 불
리고 있었습니다(사도행전 12장 12, 25절). 그의 어머니 이름은 마
리아로, 그녀의 집은 예루살렘에서의 초기 그리스도교도의 집회소
가 되었다고 여겨지고 있습니다. 그의 집에서 사도나 그밖의 제자
들이 자주 집회를 가졌는데, '최후의 만찬'도 그의 집 2층에서 베풀
어졌다는 전승이 있습니다.

마르코는 또한 바울의 제1회 전도여행에 함께 따랐던 인물입니
다. 베드로의 로마 전도여행에도 통역으로 동행하고, 베드로 순교
후에는 복음서를 쓰기 시작했다고 여겨지고 있습니다. 베드로가
'나의 아들이여' 하고 부를 정도로 베드로에게 사랑받았던 인물로,
『마가복음』에는 베드로의 회상이 반영되어 있다고 합니다.

마르코에 관해서는 서기 62년에 알렉산드리아로 넘어가 교회를

산 마르코 성당.

세웠다거나, 그 땅에서 순교했다는 전설이 있습니다. 그래서 그는 알렉산드리아의 초대 총주교라 여겨졌습니다. 또한 마르코의 유해는 9세기에 알렉산드리아에서 베니스로 옮겨져 오늘날 산 마르코 성당의 한 장소에 매장되었습니다. 그런 이유로, 중세 이후 복음자 마르코에 감화받은 이름은 베니스를 중심으로 이탈리아에서 특히 인기가 높아졌습니다. 베니스의 어디에서든 마르코의 표상인 날개 달린 사자상을 볼 수 있습니다. 마르코 폴로(Marco Polo, 1254~1324)는 베니스 출신이지요.

‖ 유노와 성 루치아

여성명 루시(Lucy)는 로마인 사이에서 특히 인기가 있었던 제1

명 루키우스(Lucius)의 여성형 루키아(Lucia)에서 유래합니다. 라틴어명 lux(빛)가 어원이며, '빛나는' 이라는 뜻입니다. 이것은 인도유럽 어족 *leuk-(빛, 빛남)에서 유래한 이름으로 라틴어 어원의 영어 lucent(빛나다), Luna(달의 여신), illumination(조명)과 같은 어원의 단어이자, 게르만어 기원의 영어 light(빛)와 동족어입니다.

로마 신화의 루키나(Lucina)는 출산을 관장하는 여신으로, 그 이름은 유노의 부가명입니다. 이 부가명은 '빛을 가져오는 자' 나 '어린이의 눈을 뜨게 하는 여신' 이라 해석되었습니다. 베르길리우스는 『농작시』 4장 340절에서 Lucina를 '출산' 이라는 뜻으로 쓰고 있습니다.

교부시대에는 루키나란 이름을 가진 성녀가 몇 명 등장합니다. 예를 들어 사도들의 여제자라 불렸던 성 루키나가 대표적 존재입니다. 그녀는 체포된 그리스도교도를 방문하고 순교자들을 묻어주었다고 전해집니다. 많은 성 루키나 전설은 순교자의 매장과 관계가 있습니다. 출산의 여신 루키나는 재생을 관장하는 여신이기도 해서, 성 루키나의 전설에는 유노의 영향을 볼 수 있습니다. 가공의 성녀 루치나(Santa Lucia) 역시, 유노 루키나(Juno Lucina : 빛을 초래하는 유노) 신화가 그리스도교에 받아들여진 것입니다. 그녀가 갖고 있는 것은 램프와 공물(供物)용 천칭인데, 그것들은 유노 루키나가 가진 것이기도 했습니다.

전설에 따르면 성 루치아는 시칠리아섬 시라쿠사의 유복한 가정에서 태어났습니다. 그녀는 그리스도교로 개종하고 나서는 디오클레티아누스의 박해 중에도 그리스도교를 공공연히 퍼뜨렸을 뿐만 아니라, 자신의 재산을 가난한 사람들에게 나누어 주었습니다.

성 루치아의 순교는 303년이나 304년이었다고 여겨집니다. 그녀에게 가해진 고문은 불로 태우는 것은 물론, 녹인 납을 귀에 들이붓고, 이를 뽑고, 가슴을 도려내는 것이었습니다. 그리고, 최후에는 단검이 목을 관통해 죽습니다.

그런 성 루치아에 관해서는, '빛'을 뜻하는 그 이름에서 다양한 전설이 덧붙여졌습니다. 그 중 하나에 따르면, 성 루치아는 그리스도교로 개종한 뒤 순결을 맹세하고 약혼자와 헤어졌습니다. 그리고, 옛 약혼자가 그녀의 눈의 아름다움을 잊지 못해 한시도 마음의 안식을 얻지 못하고 있다는 말을 듣고 자신의 눈을 빼내 그에게 보냈습니다. 그러자, 그녀의 약혼자도 루치아의 강한 신앙심에 감동받아 그리스도교로 개종했다는 것입니다.

『황금전설』 4장 「성녀 루치아」에는 '빛의 모습에는 모든 우아함이 갖추어져 있으니, 그것이 빛의 본성이다. 빛은 또한, 탁함없는 흐름이다. 그리고 빛이 굴절되는 일 없이 곧바로 나아가 긴 거리를 지체없이 달린다'고 씌어 있고, 더욱이, 'Lucia는 Lucia via(빛의 길)이다'고 씌어 있습니다. 단테의 『신곡』에서 성 루치아는 천상의 빛을 운반하는 여성이자, 마리아의 지시를 받아 베아트리체에게 베르길리우스를 단테가 있는 곳으로 데려가라고 권하는 여성입니다 (「지옥편」 제2가).

‖ 여신 디아나와 처녀왕 엘리자베스

고(故) 다이애너 비의 이름 Diana는 로마의 달의 여신 디아나 (Diana)에서 유래하는 이름입니다. 로마의 고전 시대에는 여신 디아나(Diana)는 수렵의 여신이라 여겨졌으며, 님프들에게 둘러싸여 산과 들을 돌아다니는 젊디젊은 처녀 사냥꾼으로 묘사되고 있습니다. 이 비그리스도적인 디아나는 중세에는 사람 이름으로 전혀 쓰이지 않았습니다. 그러나, 그리스 로마 문화에 대한 동경이 강해졌던 르네상스기에 고전적 향기 높은 이름으로 많이 쓰이게 되었습니다.

처녀왕 엘리자베스 1세는 르네상스기의 시인들에 의해 자주 여신 다이애너(Diana)에 견주어졌습니다. 당대의 시인 스펜서가 묘사한 다이애너는 처녀왕 엘리자베스 1세 바로 그것으로, 그 엘리자베스 1세(재위 1558~1603)는 바다를 지배하는 여신이자, 영원의 영광에 에워싸인 지배자이자, 누구보다도 덕이 높은 여성이자, 하늘에

엘리자베스 1세.

서 내리비치는 가장 아름다운 빛입니다(「페어리 퀸」 제3막 서문). 당시는 영국이 스페인의 무적함대를 격파한 지 얼마 안 된 무렵으로, 영국인의 의기양양함과 승리를 가져온 여왕에 대한 뜨거운 존경과 애정이 잘 나타나 있습니다.

셰익스피어도 다양한 작품에서, 다이애너를 처녀성의 상징적 존재로 등장시키고 있습니다. 「끝이 좋으면 다 좋아」에서는 플로렌스에 사는 미망인의 아름다운 딸로, 플로렌스에서 가장 정숙하고 평판좋은 다이애너가 등장합니다. 로실리온의 젊은 백작 버트램은 그녀를 유혹하며, 몇 세대나 자신의 집에 전해오는 반지와 교환해 그녀의 처녀를 빼앗으려 합니다. 그러자 다이애너는, "My chastity's the jewel of our house, Bequeathed down from many ancestors(나의 정결한 마음은 먼 옛날부터 조상 대대로 우리집에 전해져 남아 있는 보석입니다)"(4막 2장)라고 말하며 퇴짜를 놓지요.

영국의 문화인류학자 프레이저(James George Frazer, 1854~1941)는 1890년에 출판한 『황금가지』 제1장 말머리에 디아나 숭배의 오랜 관습에 관해 적고 있습니다. 그것은 로마 근처 네미의 호반에 있는 디아나의 성소에서 행해졌던 사제의 교대입니다. 네미의 호수는 디아나의 거울이라고도 불렸습니다. 그 호수는 울창한 숲 속에 있고, 호반에는 디아나의 성소가 있었습니다. 그곳의 사제는 단 한 명으로, 그 사제를 죽인 자만이 그의 직업을 이을 수가 있었습니다. 디아나는 미개민의 생활 그것에 뿌리내린 풍요 신앙의 대상으로, 이 여신의 사제야말로 왕이 될 수 있었던 것입니다. 이 이야기는 수

메르 신화의 인안나와 두무지 이야기와 통하는 점이 있습니다.

인안나는 하늘의 여왕인데, Diana의 어원은 인도유럽 조어(祖語) *deiw-(빛나다)에서 *diw-yo-(천공의)를 거쳐 나온 라틴어명 디아나(Diana)입니다. 라틴어 deus(신)도 같은 조어(祖語)에서 *deiwos(신)를 거쳐 나온 말이고, 영어의 deity(신, 신성)이나 divine(신성한)은 라틴어 deus에서 파생한 말입니다.

‖ 지난 날 로마의 빛, 로렌스와 로라

로렌스(Laurence)는 라틴어명 라우렌티우스(Laurentius)에서 태어난 영어명입니다. 로마의 발상지 라티움에 있었던 마을 라우렌툼(Laurentum)에서 유래하는데, 이 이름의 어원은 '라우렌툼의 사람'입니다. 지명 라우렌툼의 뜻은 '월계수(laurel)의 마을'입니다. 그것은 '영광스런 승리자의 마을'이라는 뜻이기도 했습니다. 이 마을은 베르길리우스에 따르면 로마의 시조 아이네아스가 상륙했을 때 라티누스왕이 지배하고 있었던 마을로, 로마적으로 가장 유서깊은 마을입니다.

이름 라우렌티우스의 인기에는 기원 3세기에 쇠뜸을 뜨고 화형에 처해진 로마의 순교자 성 라우렌티우스(?~258)의 영향이 크다고 여겨집니다. 그는 황제 숭배를 강제하는 발레리아누스 황제(재위 253~260)에 저항해 순교했습니다. 그 극적인 순교가 사람들의 마음을 움직여 성 라우렌티우스 교회는 순례 성지로서 많은 사람들이 몰려들었습니다. 전설에 따르면 라우렌티우스는 교회의 보물을 넘

고대 메소포타미아의 사랑과 전쟁의 여신. 인안나는 수메르어이며, 셈족의 언어로는 이슈타르이다. 그리스 신화의 아프로디테, 로마 신화의 비너스와 동일시된다. 하늘의 신인 안의 딸, 또는 아내로 등장하기도 하는 등 기원과 전승이 복잡하고 명확하지 않다. 하늘(특히 달)과 땅의 여신으로 받들어졌다. 농업신 두무지의 아내이자, 다산과 재난, 비와 뇌우, 창고, 곡식, 고기, 양털, 대추야자의 여신이기도 하다. 인안나의 지옥 여행기는 청동기 신화 중 가장 유명한 이야기인데, 지상의 권력뿐 아니라 자신의 언니인 에레슈키갈이 다스리는 지하(지옥)의 권력까지 탐내어 내려갔다는 설도 있다. 인안나는 일곱 개의 지옥문을 지나는 동안 몸에 걸친 장신구와 옷을 차례로 빼앗기고 지옥에 붙잡힌다. 인안나가 지상에 없게 되자 만물은 생명력을 잃고 만다. 이에 다른 신들이 나서서 에레슈키갈을 설득해 인안나를 지상으로 돌려보내기로 한다. 그러나 인안나의 귀환에는 그녀를 대신할 제물이 필요했다. 인안나는 남편 두무지를 지하로 잡아가게 하지만, 우여곡절 끝에 인안나와 두무지가 번갈아 반년씩 지하세계에 머물게 된다. 수메르 최대의 영웅 길가메쉬를 유혹했다가 모욕적으로 거절 당했다는 이야기도 전하며, 자기 중심적이고 충동적이며 육욕적인 성격의 신으로 나타난다.

기라는 황제의 요구에 가난한 사람들을 모아 놓고 이것이 교회의 보물이라고 응했다고 합니다. 성 라우렌티우스는 특히 베풂의 성인으로 알려져 있지만, 외국과의 싸움이 벌어졌을 때의 수호성인으로도 여겨졌습니다.

로라(Laura)는 로렌스의 여성형이라 해야 할 이름으로, 역시 승리와 영광을 상징하는 '월계수(laurel)'를 뜻하는 이름입니다. 월계수는 그리스어로는 다프네(daphne)인데, 다프네는 아폴론에게 바쳐진 성스러운 나무였습니다. 아폴론의 축전에서 경기대회 승리자에게는 월계관이 주어졌습니다. 또한, 그리스도교에서 월계수는 순결과 정화를 나타내, 처녀 순교자에게 바쳐지는 나무로 여겨졌습니다. 거기에는 아폴론에게 사랑받지만 처녀의 결벽증과 수줍음으로 아폴론의 구애를 피하고 아폴론의 손이 닿으려 하자 월계수로 변신했다는 다프네 이야기의 영향을 볼 수 있습니다. 이 신화는 오비디우스의 『변신 이야기』에 수록되어 잘 알려져 있습니다.

Laura는 라틴어로는 라우라로 발음합니다. 이 여성명 라우라를 일약 인기 있는 이름이 되게 한 사람은 이탈리아 르네상스의 시인이자 휴머니즘의 시조로 일컬어지는 페트라르카입니다. 페트라르카는 고전 로마에 대한 동경을 라우라라는 여성 안에 드러냈다고 그의 서간집에서 쓰고 있는데, 라우라는 페트라르카가 젊은 시대에 아비뇽의 키아라(Ciara) 교회에서 만났던 여성의 모습이 그 원점이라 여겨지고 있습니다. 그는 그 아름다움에 반해 라우라에게 보내는 수많은 연애 서정시를 썼습니다. 그 시에, 라우라를 여신 디아나가 목욕하는 모습에 비유해 노래한 한 구절이 있습니다.

얼어붙은 시내, 디아나 여신이,
맨살을 드러내고 목욕하는 자태
문득 보인 연인 얼굴, 아아 나의 기쁨 비할 수 없네
산들 부는 바람에 금빛 머리 감싼 고운 베일을 무심히 적시
는 그 소녀,
깊은 산의 무정한
양치기의 딸이며(52 마드리갈)

또, 다음과 같은 한 구절이 있습니다.

곱슬머리 금발에 미풍이 휘감겨 산들산들
흔들리다 어느 새 상쾌하게 멀어져가고
달콤한 황금을 문득 흐트러뜨려
마침내 엉클어진 아름다운 원을 짜내고, (227 소네트)

페트라르카가 이렇게 노래한 라우라의 금발의 이미지는 보티첼리의 「비너스의 탄생」이나 「봄」의 비너스나 꽃의 여신 플로라의 모습에도 영향을 미치고 있다고 여겨집니다. 르네상스기에 페트라르카의 라우라는 연애 서정시의 모델이자 이상의 여성이었습니다. 세익스피어는 「로미오와 줄리엣」에서 로미오의 친구 머큐쇼가 로미오

보티첼리의 「봄」.

가 줄리엣에게 마음을 빼앗기고 있는 모습을 놀리며, "그의 연인에 비하면 라우라도 부엌데기라네."(2막 4장) 하고 말하게 하고 있습니다. 그런 라우라는 영국의 처녀왕 엘리자베스 1세가 자신에게 씌운 여성상이기도 했습니다.

라우라는 프랑스어로는 로르(Laure)가 되었습니다. 이 이름이 영국에서 일반 여성명으로 등장한 것은 16세기에 롤라(Lora)로서였습니다. 라틴어형 라우라(Laura)가 부활하는 것은 로맨티시즘의 전성기를 향했던 19세기의 일입니다. 이 이름은 오늘날에는 할머니 이름 같은 느낌이 있지만, 1970년대 말 미국의 인기 TV드라마 「초원의 집」의 총명한 소녀 로라(Laura)의 이름으로 우리에게 아주 친근감을 줍니다. 「초원의 집」의 원작은 로라 잉걸스 와일더(Laura Ingalls Wilder, 1867~1957)의 자전적 개척 이야기이지요.

4장

그리스도교를 받아들여 되살아난 게르만 정신

게르만 민족은 옛날부터 점의 신이자 전쟁의 신 오딘, 풍요와 전쟁의 벼락 신 토르, 풍요의 신 프레이르를 믿고 있었습니다. 그리고, 대이동기에는 전쟁의 신으로서 오딘이 특히 강하게 신봉되고, 풍요신의 속성을 갖고 있던 프레이르나 프레이야조차도 병사나 군의 수호신적인 성격을 갖게 됩니다. 사람들 이름도 전쟁이나 승리를 뜻하는 것이 압도적으로 많아졌습니다.

그러나, 게르만인은 이동이 진행되어 지중해 세계와의 접촉을 거듭함에 따라 그리스도교의 영향을 받게 되었습니다. 그리고, 전쟁의 신들 대신에 모든 고난을 견딘 그리스도의 전사상이나 사도적 수도사로서의 남성상, 자비심 깊은 어머니나 순교 성녀로서의 여성상이 게르만인의 마음을 사로잡게 됩니다. 그와 더불어 오랜 게르만 전통에서 유래하는 이름도 그리스도교적 이미지를 띠게 되었습니다.

이 장에서는 루이(Louis), 찰스(Charles), 헨리(Henry), 에드워드(Edward), 윌리엄(William), 로버트(Robert), 알폰소(Alfonso), 페르난도(Fernando) 등 게르만어에서 비롯된 이름을 골라 이들의 배경에 있는 세계를 들여다봅니다.

1.
게르만인의 신앙과 이름

기원은 신들

고대 로마의 역사가인 타키투스는 『게르마니아』 9장 「게르마니아의 신들」 첫머리에서, "신들 중 그들은 메르클리우스를 가장 존경해 섬기는데, 이 신에게는 일정한 날들에 사람을 제물로 바치며, 그것이 '신앙상' 지당하다고 생각한다. 헤라클레스와 마르스에게는 적당하다고 인정되는 동물류를 희생으로 해 그 만족을 구한다. 스웨비(Swebi)의 일부는 이시스(Isis)에게도 희생을 제공한다."고 적고 있습니다. 타키투스가 말하는 메르클리우스는 북유럽 신화의 오딘에 해당하고, 헤라클레스는 뇌신 토르, 마르스는 전쟁신 티우(Tiu), 이집트의 풍요의 여신 이시스는 게르만의 풍요의 여신 프레이야에 해당하는 것은 명백합니다.

그리스도교를 믿기 전에 게르만인은 신들의 이름이나 속성을 나타내는 말에 맞춰 이름을 지었다고 합니다. 북유럽 신화집인 『산문에다』를 써서 게르만신들의 모습을 오늘날에 전한 스노리 스툴루손(Snorri Sturluson, 1178?~1241)은 스웨덴 왕가나 노르웨이 왕가의 유래 전설이라 불러야 할 『윙글링거 사가』 속에 그것을 명기하고 있습니다.

스웨덴의 스톡홀름 북쪽에 있는 바이킹 시대의 도시 웁살라의 신전에는 예전에, 토르를 한가운데에 두고 오딘이 오른쪽에, 프레이르가 왼쪽에 서 있는 신상이 있었습니다. 사람들은 전쟁에 임할 때는 오딘, 역병이나 기근 때는 토르, 그리고 결혼을 축하할 때는 프레이르의 이름을 불렀습니다. 또한, 그들의 신들을 삼위일체적이라 생각해 "오딘, 토르, 프레이르의 이름으로"라는 주문을 외며 신의 가호를 빌었습니다. 당연히, 사람들은 신들에게 자신들의 꿈이나 바람을 의탁하고 다양한 속성을 부여했습니다. 그리고 그들의 속성은 신화나 영웅 이야기 안에서 풍부하게 인격화되었습니다. 사람들은 인격화된 신앙 대상의 가호를 빌며, 그런 속성을 나타내는 신들의 이름을 자신들 이름의 구성요소로 썼습니다.

2.
게르만인의 패자, 프랑크의
클로비스

'이름높은 전사'

가장 프랑스적인 이름 루이(Louis)는 가장 독일적인 이름 루트비히(Ludwig)와 더불어, 프랑크 왕국을 세운 메로빙거 왕조의 클로비스(Clovis, 재위 481~511)에서 비롯된 이름입니다. 클로비스는 소왕국으로 나뉘어 있던 프랑크족을 통일하고, 서갈리아를 지배하고 있던 로마 귀족군을 쳐부순 왕입니다. 그는 496년에 비 클로틸데의 권유로 가톨릭으로 개종하고, 수도를 운하교통의 요충지인 파리로 옮겼습니다. 그리고 남갈리아를 지배하고 있던 서고트족을 이베리아 반도로 쫓아내고, 북해에서 지중해에 이르는 대 프랑크 왕국을 건설합니다. 이때부터 파리의 발전이 시작되었지요.

이름 Clovis의 어원은 게르만 조어(祖語) *hluda-(소리가 높은, 잘 들리는)와 *wiga(싸우다)로 이루어진 고대 고지(高地) 독일어(독일 남부와 중부에서 쓰이는 독일어 — 옮긴이) Hluodowig(이름높은 전사)입니다. *hluda-는 영어 loud(소리높은)의 어원이기도 합니다. Hluodo-는 뇌신 토르의 '울려퍼지는 뇌성'이나, 오딘이 적을 위압하고 공포에 빠뜨릴 때의 소리와 관계지어진 말이라고도 여겨집니다. Hluodowig의 H- 발음은 [x]이자, 현대 독일어에서는 Ch-라는 철자입니다. 이 [x]는 차츰 단순 기식음(氣息音)이 되어 사라졌습니다. 그러나, 당시에는 아직 발음되고 있었기 때문에 고대 독일어에서는 클로도비히(Chlodowig)라고 썼고, 프랑스어로는 클로비스(Clovis)라고 쓰게 된 것입니다.

경허왕 루이 1세와 성왕 루이 9세

루이(Louis)는 고대 고지 독일어 Hluodowig에서 중세 라틴어 Hludovicus, 고대 프랑스어 Loeis를 거쳐 태어났습니다. 루이(Louis)는 프랑스 국왕으로 루이 18세(재위 1814~1824)까지 이어질 정도로 전통적인 이름입니다.

루이 1세(재위 814~840)는 샤를마뉴(카를 대제)의 셋째 왕자로, 프랑크 왕위와 함께 서로마 황제 자리를 이어받은 인물입니다. 경건한 그리스도 교도로 경허왕, 관대왕이라는 통칭으로 불렸습니다. 라틴어로 씌어진 『카롤루스 대제전』 제2권 권말에는, "온후청아한 플루드비크스", "극히 인정많은 플루드비크스", "복된 자 플루드비크스" 등으로 칭송되며 아버지와 나란히 성인화되어 있습니다.

루이(Louis)란 이름을 퍼뜨리는 데 가장 영향력이 있었던 이는

성왕 루이 9세.

루이 9세(재위 1226~1270)가 아닐까 싶습니다. 그는 신앙심 두텁고 나라를 잘 다스리고, 십자군을 두 번이나 이끈, 중세 유럽의 이상적 군주로 평가가 높았던 인물이었습니다. 왕비 마르그리트와 함께 참가한 제6차 십자군(1248~1254)에서 루이 9세의 활약은 두드러졌으며, 공명정대한 지휘로 사람들에게 대단한 존경을 받았지요. 그런 루이 9세에게는, 성스러운 면류관이나 진정한 십자가의 일부를 프랑스로 갖고 오게 했다는 전설이 있습니다. 그것은 당시에는 무엇과도 바꿀 수 없는 귀중한 성 유물이었으며, 루이 9세는 살아 생전에 성인으로 존경받았습니다.

독일의 조상 루트비히

루이 1세는 즉위하자, 곧 큰아들 로타르(Lothar)와 로타르의 배다른 동생 샤를르(Charles)와 루트비히(Ludwig)에게 통치를 맡겼습니다. 그리하여 샤를르는 서프랑크를, 루트비히는 동프랑크를, 그리고 로타르는 중앙프랑크를 다스렸습니다.

　이 위임통치는 루이 1세가 죽은 뒤 형제들의 싸움을 불러왔고, 마침내 843년 베르덩 조약에 의해 프랑크 왕국은 실질적으로 세 아들들에 의해 분할되었습니다. 그리고, 로타르는 중앙 프랑크(이탈리아 북부와 프로방스, 부르군트)를, 루트비히는 동프랑크를, 그리고 샤를르는 서프랑크를 차지하기로 했습니다. 그것이 오늘날의 이탈리아, 독일, 프랑스의 탄생 기반이 됩니다. 분할 뒤, 동프랑크의 루트비히는 루트비히 2세(재위 843~876)로 즉위했습니다. 때문에, 독일을 시작으로 북유럽 각국에서는 루트비히라 일컫는 국왕이 나왔습니다. 동프랑크왕 루트비히 3세(재위 876~882)는 루트비히 2세의 둘째 아들로 튀르겐, 프랑켄, 작센을 계승하고 나중에 바이에른과 로트링겐을 손에 넣어 최초의 독일왕이 된 인물입니다.

3.
자부심 높은 자유농민의 조상
카를

노현자 리그의 아들

영어명 찰스(Charles), 프랑스어명 샤를르(Charles), 독일어명 카를(Karl)은 중세 고지 독일어 Karl(남자)이 어원입니다. 또한 karl은 영어의 corn(곡물)과 같은 계열의 말이자, 라틴어 기원의 grain(곡물)과 동족관계입니다. 최종적으로는 인도유럽 조어 *ger-(성장하다)로 거슬러올라갈 수 있습니다. 그래서 '남자'를 뜻했던 karl은 곡물을 재배하는 '농부'라는 뜻으로도 쓰였습니다.

바이킹들의 정신적 근거였던 북유럽 신화에 게르만인들의 기본 계급인 노예, 자작농민, 귀족(전사)의 탄생을 노래한 시가 있습니다. 시에 따르면, 늙고 현명한 리그가 여행을 하던 도중에 세 채의 집을 방문해 각각의 집에서 세 밤을 묵었습니다. 그리고 각각의 집에서 그의 피를 이어받은 사내아이가 태어났습니다. 첫 번째 아들은 스렐(Thraell), 두 번째 아들은 카를(Karl), 그리고 세 번째 아들은 야를(Jarl)이었습니다. 각각의 이름은 근대 영어에서 thrall(농노), churl(최하층 자유 농민), earl(태수, 백작)에 해당합니다.

첫 번째 아들 스렐은 얼굴은 추하고 손가락은 마디가 굵고 거칠었으며, 악취나는 동물들과 함께 나무나 진흙으로 지은 집에서 살았습니다. 그의 일족에는 수호신은 없었습니다.

세 번째 아들 야를은 금발에, 눈빛은 날카롭고, 어린 뱀을 연상케 하는 점이 있었습니다. 그는 긴 활을 쏘고, 투창을 날리고, 긴 창을 부리고, 말을 타고, 검을 쓰고, 바다를 헤엄치게 되었습니다. 그리고 야를의 자손들은 룬(rune)의 마술을 익히고, 출산을 돕고 바다를 누그러뜨리는 기술 등도 얻었습니다. 그들의 수호신은 오딘이었습니다.

그리고, 두 번째 아들 카를은 피부도 머리칼도 빨갛고 눈은 자주 움직였습니다. 카를은 튼튼하게 자라 양과 소를 길들이고, 가래를 만들고, 집과 창고를 짓고, 짐차를 만들고, 호미를 쓸 수 있게 되었습니다(『에다』 「리그의 노래」). 그의 수호신은 토르였습니다.

이렇게 노래된 자유민은 토지를 갖고 무장할 권리를 가졌으며, 부족 최고기관인 민회에 출석했던 것이 타키우스의 『게르마니아』에 기록되어 있습니다. 자유민의 유력자는 선거에 의해 수장으로 선택되었지만, 특히 유력한 자유민은 세습적으로 그 지위를 얻었습니다. 그런 의미에서 자유농민은 자부심 높은 신분이었지요.

유럽의 아버지, 카를 대제

카를(Karl)은 오래 전부터 라인강 오른쪽을 발상지로 해서 플랑드르 지방에서 북프랑스를 중심으로 세력을 키웠던 프랑크인 사이의 이름으로 쓰이고 있었습니다.

그리고, 특히 카를 대제(Karl der Grosse, 742~814)에 감화받은 이름으로 유럽에 널리 인기 있는 이름이 되었습니다. 카를 대제는 게르만 민족 거의 모두를 하나의 제국과 종교로 통일한 인물입니다. 고대 로마의 전통, 그리스도교, 그리고 게르만 정신을 융합해서 서유럽 각국의 공통된 출발점을 만든 왕으로 오늘날에도 가장 존경받고 있습니다. 앞서 든 『카롤루스 대제전』에는 그리스도교 성인전 풍으로 카를 대제의 인물상이 전해지고 있습니다. 그것에 따르면, 카를 대제는 "자비심깊은 카롤루스", "영명한 카롤루스", "뛰어난

샤를마뉴 대제의 대관식.

군주, 축복받은 왕", "신의 가장 소중한 친구되신 왕", "경건하고 온후한 카롤루스", "불패의 왕", "예철(叡哲)한 카롤루스", "정의의 엄격한 추구자 카롤루스", "교회의 비호자", "경신의 염(念)이 두터운 카롤루스", "무사공평한 카롤루스" 등으로 칭찬되며, 신이 천상에서 실현할 이상의 왕국을 지상에서 실현하려 한 왕입니다.

종말사상이 유포되었던 중세 서구에서는, 민족이 위기에 처하면 예전의 영웅왕이 다시 태어나 사람들을 고통에서 구해준다는 일종의 메시아를 바라는 풍조가 있었는데, 카를 대제는 그런 전형적인 영웅왕이었습니다.

이처럼 전설화된 카를 대제는 제2차 십자군이 고전을 면치 못하던 1165년에 성인으로 인정받게 됩니다. 카를 대제는 프랑스어로는 샤를마뉴(Charlemagne)이고, 라틴어로는 카롤루스 마그누스(Carolus Magnus), 영어로는 Charles the Great 입니다. 영어의 찰스(Charles)는 프랑스어의 영향으로 생겨난 이름입니다. 라틴어 카롤루스(Carolus)의 Ca-[ka]는 고대 프랑스어에서는 구개화되어 차[tʃɑ]로 바뀌었고, 근대 프랑스어로는 샤[ʃɑ]가 됩니다. 그러나, 바이킹의 영향이 강한 프랑스 북서부나 영국에서는 차[tʃɑ]가 남았습니다.

나의 보니는 바다 저편에

영어명 찰스(Charles)가 인기 있는 이름이 된 데에는 스코틀랜드 여왕 메리(Mary, 재위 1542~1567)의 영향도 있습니다. 프랑스와 스코틀랜드는 전통적으로 우호 관계였습니다. 여왕이 되기 전에 메리

는 프랑스 황태자 프랑수아, 나중의 프랑수아 2세(재위 1559~1560)
와 결혼해 프랑스에 머물렀지만 남편의 돌연사로 스코틀랜드로 돌
아와 스튜어트가의 헨리와 재혼했습니다. 그리고 태어난 사내아이
가 찰스 제임스(Charles James)라고 이름붙여졌습니다. 이 찰스 제
임스가 나중의 스코틀랜드왕 제임스 6세이자, 잉글랜드왕 제임스 1
세(재위 1603~1625)입니다. 그리고, 제임스 1세의 아들이 찰스 1세
(재위 1625~1649)이고, 손자가 찰스 2세(재위 1660~1685)입니다.

찰스란 이름을 스코틀랜드에서 더욱 인기 있게 한 이는 미남 찰
스 왕자(Bonnie Prince Charles, 1720~1788)입니다. 그는 제임스 2세
의 손자로, 가톨릭을 신봉하는 스튜어트가 재흥의 희망의 별이었습
니다. 제임스 3세라 일컬었지만 스튜어트가 재흥의 꿈을 못다 이룬
아버지를 대신해 찰스 3세라 일컬으며, 스코틀랜드와 아일랜드의
가톨릭교도의 기대를 한몸에 모았던 인물입니다. 보니 프린스 찰스

보니 프린스 찰스의 초상화.

는 청년시절에는 스포츠를 좋아하고 부드러우면서도 터프하고, 자신에 차 있고, 사람을 끌어당기지 않을 수 없는 매력을 풍기는 인물이었다고 전합니다.

보니(Bonnie)는 스코틀랜드 민요 「마이 보니(My Bonnie)」로 우리에게도 친숙한 이름이지만, 보니 프린스 찰스는 이밖에도 「더 스카이 보트 송(The Skye Boat Song)」 등 아름답고 로맨틱한 스코틀랜드 민요로 노래되고 있습니다. 이들 노래로부터도 스튜어트가의 재흥을 바라는 스코틀랜드인이 얼마나 찰스를 사랑했는지, 그리고 잉글랜드에 대한 저항이 얼마나 스코틀랜드인의 마음 속에 강하게 존재하고 있는지를 알 수 있습니다.

독일 시민이 동경한 여성상 샤를로테

샤를로테(Charotte)는 괴테의 『젊은 베르테르의 슬픔』(1774)에서 베르테르가 사랑한 아름답고 상냥한 여성 샤를로테로 우리에게도 잘 알려지게 되었습니다. 샤를로테는 우아하고 정결하고 상냥하며, 그 상냥함이 그녀의 모든 동작이나 주위 사람들이 그녀를 대하는 태도에서 전해오는 여성이었습니다. 베르테르는 한 번 보자마자 그런 샤를로테에게 마음을 뺏기고 맙니다. 그녀의 주변 사람들은 깊은 애정을 담아 로테(Lotte)라 부르고 있었습니다. 마침내 베르테르는 샤를로테에의 사랑의 극한까지 파고들어가, 그녀를 자신이 살아가는 힘의 전부라 생각하게 되었습니다. 그리고, 그 사랑이 이루어지지 않을 것임을 알자 죽음을 결심하게 되지요.

이 『젊은 베르테르의 슬픔』은 당시 젊은이들에게 열렬한 지지를 받으며 청춘문학의 최고걸작이라 여겨진 한편, 소설의 영향으로 실연 끝에 자살하는 사람이 늘자, "정신적 인플루엔자의 병원체"라고 비난받았을 정도였습니다. 그러나, 괴테가 만들어낸 샤를로테 상은 이윽고 당시 발흥하던 시민 계급에 받아들여져 통일된 독일 국민의 이상적인 여성 이미지가 씌워지게 되었습니다.

샤를로테(Charlotte)는 이탈리아어로는 카를로타(Carlotta)인데, 카를로타는 카를로(Calro)에서 태어난 애칭적 여성명이었습니다. 카를로타란 이름을 가진 역사 속 인물로는 스위스 남서부의 사보이(Savoia)가에서 루이 11세(재위 1461~1483)에게 시집간 카를로타(Carlotta)가 있습니다. 그녀는 프랑스에서는 샤를로트(Charlotte)라고 불렸습니다. 루이 11세는 영국과의 백년전쟁으로 피폐하고 분열된 프랑스를 권모술수로 통일한 왕입니다. 그는 유럽 최초로 중앙집권적 근대 국가를 수립한 왕이자 프랑스를 유럽의 중심으로 재구축한 왕이기도 했습니다.

그런 덕분에 샤를로트라는 이름은 프랑스 귀족 사이에서 인기 있는 이름이 되었고, 프랑스 절대왕정이 융성함에 따라 그 영향력과 함께 유럽에 퍼져갔습니다. 특히, 합스부르크가에 대한 정책으로 프랑스 왕가가 한창 인척관계를 맺었던 독일지역에서는 샤를로테로서 인기 있는 이름이 되었습니다.

샤를로테라는 이름을 가진 인물로는 프로이센의 초대 국왕 프리드리히 1세(Friedrich I, 재위 1701~ 1713)의 비 조피 샤를로테

(Sophie Charlotte)가 유명합니다. 처음으로 독일 왕국의 지위를 얻어 의기양양해진 프로이센 왕궁은 루이 14세의 궁정을 본뜬 화려한 궁전이었으며, 조피 샤를로테는 그 화려함 중의 화려함, 꽃 중의 꽃 같은 존재였습니다. 그녀는 지성이 풍부한 미인인데에다, 소녀 시절에는 루이 14세의 궁정에서 살았던 적도 있어 프랑스어는 프랑스인에 버금갈 정도였습니다. 그녀를 위해서 지어진 별궁은 샬로텐부르크(Charlottenburg)라 불렸고, 지금도 베를린의 명승지입니다.

샬럿은 영국에서는 조지 3세(재위 1760~1820)의 정숙한 비로 사랑받았던 비 샬럿 소피아(Charlotte Sophia, 1744~1818)에 감화받은 이름으로 인기가 생겼습니다. 그녀는 독일 북부의 메클렌부르크 슈

샬로텐부르크 전경.

트렐리츠가 태생입니다. 같은 독일의 합스부르크가 출신인 왕과의 사이는 화목해서 9남 6녀를 두었고, 정신적으로 불안정해지기 쉬웠던 남편을 잘 도와 내조의 귀감으로 칭송받았습니다.

영어명으로서의 샬럿의 애칭에는 로티(Lottie), 셔티(Chatty), 토티(Totty) 등이 있습니다. 또한, Charlotte는 발음으로부터 Sharlotte라는 변화형도 생겨났습니다. 셜리(Sharley)나 셰리(Sherry)라는 변형도 있습니다.

4.
작센과 앵글로색슨의 성왕들

네르투스 여신 신앙

독일의 작센 지방은 브리타니아를 건넜던 색슨족의 고향입니다. 색슨족은 2세기 후반쯤에 역사에 등장하는데, 그들은 당시 유틀란드 반도부터 엘베강 하류지방에 살고 있었습니다. 그러던 색슨족은 3세기 말이 되자 이동을 시작했고, 그 가운데 일부는 5세기 중반에 앵글로인과 함께 브리타니아로 이주했습니다.

한편, 프랑크족의 북쪽에 살면서 게르만적 호족지배와 자유로운 기풍을 갖고 토착신들을 믿고 있던 작센인은, 그리스도교로 개종해 차츰 로마화되어갔던 프랑크족과 격렬히 대립하게 되었습니다. 그리고, 샤를마뉴가 이끄는 프랑크족과의 30년 여에 걸친 싸움 끝에 783년에 멸망해 마침내 그리스도교를 받아들입니다. 그러나, 한 번은 멸망했던 대륙의 색슨족은 샤를마뉴 대제가 죽은 뒤 프랑크 왕국이 분열되어 약체화되자, 정치적 단결을 되찾아 게르만 여러 부

족 가운데에 가장 강한 세력을 회복해서 독일 형성의 중심적 세력
이 됩니다.

작센인의 사명(使命)의 배경에 있는 신앙에 대해서는 타키투스
의 『게르마니아』가 참고가 됩니다. 이 책의 40장 「랑고바르디 또는
네르투스 제족(諸族)」에는, 엘베강 하류지방에서 유틀란드 북부에
걸쳐 사는 게르만족들에 관해, "그들은 공통으로 네르투스(Nerthus),
즉 어머니 대지를 믿어 섬기며, 그 여신이 인간만사에 개입해 백성
들 사이에 오신다고도 믿고 있다. 또한, 대양 중의 한 섬에 일찍이
도끼질당한 적 없는 성스러운 숲이 하나 있고 여기에는 여신에게
바쳐진 성스러운 마차가 있는데 천으로 가려져, 단 한 명의 사제만
이 이것에 닿는 것이 허락되고 있다"고 씌어 있습니다.

네르투스 각 부족이라 불리는 이들 부족에는 나중에 브리타니아
로 이동했던 앵글족이나 색슨족이 포함되어 있었습니다.

네르투스는 북유럽 신화의 풍요의 신 뇨르드(Njord)를 아주 많이
닮은 성격의 여신이었습니다. 어원적으로도 Njord는 게르만 조어
*Nerthuz에서 태어난 말입니다. 그리고, 뇨르드의 쌍둥이 자식이 풍
요의 신 프레이르와 사랑의 여신 프레이야입니다. 작센인의 이름에
는 프레이르에서 비롯된다고 여겨지는 것이 많이 있습니다.

여기서는 하인리히와 에드워드에 관해 살펴봅시다.

작센 재흥의 왕 하인리히 1세

하인리히(Heinrich)는 작센조 초대 독일왕인 하인리히 1세(재위

919~936)에 의해 전독일적인 이름이 되었습니다. 그는 작센은 물론, 남부의 바이에른이나 슈바빙도 지배 아래에 둔, 독일왕이 된 인물입니다. 하인리히 2세(973~1024)는 하인리히 1세의 증손자로 작센조 최후의 독일왕으로, 신성로마제국 황제(재위 1002~1024)가 되었던 인물입니다.

1004년에 이탈리아왕이 되고, 1021년에는 로마 교황의 요청을 받아들여 남이탈리아의 그리스인을 제압하고, 또한 슬라브를 전도하는 데에 힘을 쏟았습니다. 이처럼 하인리히 2세는 열성적인 그리스도 교도이자 로마 교황에 공손을 다해 신의 의사를 지상에 실현시켰다 해서 독신(篤信)의 왕 또는 성왕이라 불렸습니다.

독일어명 Heinrich의 어원은 고대 고지 독일어인 Heimrich인데, -rich는 영어의 rich(유복한)와 같은 계열의 말입니다. 이 rich는 또한 인도유럽 조어 *reg-(똑바로 나아가다)로 거슬러 올라갈 수 있습니다. 게르만어계 말 right(옳은)이나 라틴어계의 rex(왕), regal(왕의), regulation(규칙), rule(지배하다) 등은 이 조어에서 유래하는 말이지요. 이렇게 보면 -rich가 지배자를 뜻함을 잘 알 수 있습니다. Heim-은 근대 독일어 Heim(집)의 어원이자 영어의 home(가정)과 같은 계열의 말이기도 합니다.

작센은 타키투스가 말하는 풍요의 여신 네르투스를 믿고 있던 사람들이 살고 있던 지역이자 전통적으로 풍요의 신 프레이르 신앙이 성했음을 생각할 때, 하인리히는 풍요의 신 프레이르와 통하는 이름이지 않았을까 싶습니다. 사실, Frey and Freya는 Lord and

북유럽 신화의 사랑과 풍요의
여신 프레이야(왼쪽).

Lady라는 뜻으로 쓰이고 있었습니다.

다음에 쓸 색슨적인 이름 에드워드(Edward)도 프레이르 신앙의 영향을 볼 수 있는 이름이며, 또한 색슨인을 대표하는 인물 앨프리드 대왕의 Alfred(원뜻 : 요정의 지배자)의 Alf-는 Alfheim의 Alf-와 같은 것으로, 프레이르가 지배하는 요정 엘프(elf)를 뜻합니다. 엘프는 원래는 풍요를 담당하는 정령이자, 가족이나 개인을 지키는 정령이었지요.

강국 잉글랜드를 확립한 헨리 2세

영어명 헨리(Henry)는 Heinrich의 라틴어명 Henricus에서 프랑스어 앙리(Henri)를 거쳐 노르만인에 의해 잉글랜드에 스며든 이름입니다. 헨리 1세(재위 1100~1135)는 정복왕 윌리엄의 넷째 왕자이

며, 플랜태저넷 왕조의 창시자인 헨리 2세(재위 1154~1189)는 정복
왕의 증손자에 해당하는 인물입니다.

헨리 2세는 아키텐의 엘레아노르와의 결혼으로 유럽 최대의 영
지를 갖는 국왕이 되어 강국 잉글랜드를 확립했습니다. 그의 지배
지역은 카페가가 지배하는 영지보다 훨씬 넓어 잉글랜드 왕국은 샤
를마뉴의 프랑크 왕국 이래의 강대한 왕국이 되었습니다. 그리고,
어렸을 적부터 투르바두르(음유시인)들이 읊는 아서왕 전설에 친숙
했던 엘레아노르와의 궁정생활은 중세의 기사 이야기에 풍부한 소
재를 던져주었지요.

헨리 2세 자신도 잉글랜드왕으로서의 권위를 강화하기 위해 아
서왕 전설을 이용해 자신이 아서왕의 재래인 듯 행동했습니다. 그
것은 샤를마뉴의 진정한 후계자로서의 권위를 강화하려 했던 카페
가에 대항하는 것이었습니다. 그 뒤로 영국은 헨리 8세(재위 1509~
1547)까지 같은 이름의 국왕을 배출합니다. 헨리는 국왕 이름으로
는 에드워드와 더불어 가장 많습니다.

잉글랜드 통합의 상징, 참회왕 에드워드

에드워드는 특히 앵글로색슨적인 이름입니다. 앨프리드 대왕의
아들로 바이킹과의 전투에서 승리해 잉글랜드 전역에 세력을 확대
했던 에드워드왕(Edward the Elder, 재위 899~924)이나, 왕위계승
문제가 원인이 되어 암살되었던 순교왕 에드워드(Edward the
Martyr, 재위 975~924)나, 웨스트민스터 사원을 창건한 공적으로 로

마 교황으로부터 '참회자(the Confessor)' 라는 별호를 부여받았던 참회왕 에드워드(재위 1042~1066) 등이 역사적으로 유명합니다. 잉글랜드를 정복한 노르만인들은 자신들이 잉글랜드왕으로서 정통한 혈통을 가졌음을 강조하기 위해 참회왕 에드워드를 추켜세웠습니다. 그래서 노르만인의 잉글랜드 정복 이후에도 에드워드(Edward)는 잉글랜드 통일의 상징적 이름으로 인기를 지켜나간 것이지요.

에드워드 1세(재위 1272~1307)는 십자군에 참가해 이름을 높이고, 의회의 발달을 촉진시키고, 웨일스를 정복하고, 잉글랜드왕의 스코틀랜드에 대한 주권을 승인시키는 등 오늘날 영국의 기반을 만들었다고도 말할 수 있는 인물입니다. 에드워드 3세(재위 1327~1377)는 백년전쟁을 시작했던 국왕이고, 그의 황태자 에드워드는 전쟁에서 활약할 때 입었던 검은 갑옷 색깔에서 흑태자(Edward the Black

흑태자 에드워드 영국왕 에드워드 3세의 맏아들이자 리처드 2세의 아버지. 전장에서 검은 갑옷을 입은 데서 '흑태자' 라 불렸으나, 이 별명은 그의 생전이 아니라 16세기 이후에 붙여진 것으로 추정된다. 백년전쟁 당시 영국의 영웅으로 크레시 전투, 칼레 전투 등에서 무용을 떨쳤으며 특히 1356년의 푸아티에 전투에서 6천여 명의 군사를 이끌고 1만6천 명의 기사와 석궁 사수를 거느린 프랑스왕 장 2세를 무찌르고 장 2세를 포로로 잡는 대승을 거둔다. 장 2세는 몸값으로 금화 3백만 크라운을 지불하고, 아키텐을 영국에 양도했다. 병으로 죽어 왕위에 오르지 못했으나 최초의 가터 기사단원이자 영국 중세 기사단의 귀감으로 받들어졌다.

Prince, 1330~1376)라고 불리며 국민의 열광적인 인기를 누렸던 인물입니다.

에드워드 8세(재위 1936)는 미국인인 심슨 부인과 사랑에 빠져 사랑을 위해 왕위를 버린 인물입니다. 또한, 엘리자베스 2세의 셋째 아들 이름도 에드워드입니다. 에드워드(Edward)는 고대 영어에서는 Eadweard입니다. 고대 영어 ead는 고대 색슨어 od나 고대 고지 독일어 ot와 같은 계열의 말로 '재산' '부' '번영' '행복' 등의 뜻이 있었습니다. 제2요소 weard는 ward(감독, 보호)의 어원인데, 이 말은 프랑스어를 거쳐서 영어화한 guard(수호자)와 같은 어원의 말입니다.

『가요 에다』의 북유럽 신화 개관이라 할 수 있을 「길피의 속임수」에는, 프레이르는 '재산운을 지배하는 이'로 프레이르에게 풍요와 평화를 비는 것이 좋다고 씌어 있어, Edward는 프레이르와의 관계가 특히 깊은 이름이라 말할 수 있습니다.

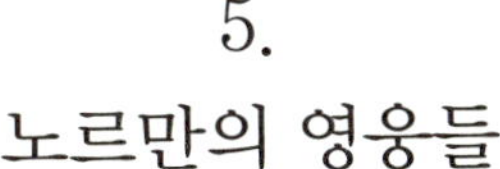

5.
노르만의 영웅들

바이킹이 활약하던 시대는 게르만 민족 대이동의 마지막 장이라고 말해야 할 시대였습니다. 샤를마뉴가 구축한 프랑크 왕국이 분열되어 약화되어감에 따라, 북유럽의 무장 상인이라 불릴 만한 집단이 유럽을 어지럽혔습니다. 그들 중에는 정복한 땅에 정주해 세력을 축적한 이들도 나왔습니다. 그리고, 서쪽은 잉글랜드, 남쪽은 시칠리아섬, 동쪽은 러시아에 왕국을 건설하고 당시 동경의 땅이었던 콘스탄티노플을 함락시키려 하는 이까지 나왔습니다. 십자군의 일대세력을 담당했던 것도 그들이었습니다. 여기서는 윌리엄과 로버트의 이름을 배경으로 그런 모습을 살펴봅시다.

영국 건설의 조상, 정복자 윌리엄

윌리엄(William)이라고 하면 많은 영국 국민들은 정복왕 윌리엄(재위 1066~1087)을 연상합니다. 정복왕의 명성에 감화되어 이 이름은 John에 이어 영국에서 가장 인기 있는 이름으로 쓰여왔습니다. 윌(Will)이나 윌리(Willie), 그리고 빌(Bill)이나 빌리(Billie) 등이 단축 애칭형이지요. 미합중국의 클린턴 전 대통령(재임 1993~2000)의 풀 네임은 윌리엄 제퍼슨 클린턴(William Jefferson Clinton)이지만 일반적으로는 사람들 사이에서는 빌 클린턴(Bill Clinton)으로 통하고 있습니다.

정복왕 윌리엄은 초대 롤로에서 헤아려 7대째 노르망디공 윌리엄이었습니다. 롤로의 아들로 2대째 노르망디공이 윌리엄이었기 때문에, 정복왕은 노르망디공 윌리엄 2세였습니다. 정복왕의 아버지 로베르는 잔혹하고 무분별한 바람둥이였으며, 악마같은 로베르라 불렸습니다. 그런 그가 무두질장이의 딸에게 낳게 한 것이 윌리엄입니다.

그렇게 태어났기 때문에 윌리엄은 '서자 윌리엄(William the Bastard)'이라는 별호를 갖게 되었습니다. 그러나 정식 결혼한 여성

정복왕 윌리엄.

이외의 여성에게 아들을 얻는 일이 드물었던 왕후귀족 사이에서 그
것은 특별히 경멸을 뜻하는 말이 아니라 오히려 유서깊은 태생을
나타내는 별호이기도 했습니다.

월리엄은 고대 고지 독일어에서는 Willahelm이라고 썼습니다.
현대 독일어에서는 빌헬름(Wilhelm)입니다. Wilhelm의 Wil-은 영어
의 will(의지)과 어원이 같습니다. -helm은 '투구(helmet)'나 '수호'
를 뜻하는 말이므로 Wilhelm의 원뜻은 '의지 강한 수호자'나 '강한
수호자'라고 해석할 수 있습니다. 이 will은 또한 welfare(행복)의
wel-이나 wealth(부)와 같은 어원의 말이지요. 그리고 제2요소 -helm
은 북유럽 신화에서는 '왕관'이나 '왕' 또는 '신'이라는 뜻으로도
쓰였습니다. 그리스도를 고대 영어로 wuldres helm(천국의 왕)이라
표현하고 있습니다.

이렇게 보면 William에는 '부를 지키는 투구'나 '부를 지키는
왕'이라는 뜻도 포함되어 있다고 생각할 수 있습니다. 투구는 오딘
의 상징이기도 합니다. 오딘은 빛나는 흉갑과 금으로 만든 투구를
몸에 두르고 난쟁이(dwarf)가 만든 마법의 창 궁니르를 쥐고 있었습
니다.

프랑스에서는 기욤

정복왕 윌리엄에 감화받은 영어명 William은 노르만적이지만,
원래는 프랑크인에게 인기 있던 이름이었습니다. 프랑스어로는 기
욤(Guillaume)이 됩니다. 게르만적인 W-는 갈리아 지방에서는 Gu-

가 되었습니다. Gu-의 G-는 원래는 독일어 Buch(부흐, book)의 -ch 처럼 발음되었지만, 결국은 유성화되어 Gu-는 [gw]로 발음되게 되었습니다. 이 발음은 11세기 무렵까지 유지되었지만, 이윽고는 [g] 가 되었습니다.

기욤이라는 이름은 프랑스 남서부 아키텐의 기욤(Guillaume, 755?~812)으로 역사에 등장합니다. 기욤의 아버지는 샤를마뉴의 충신으로 봉사했던 인물이었습니다. 그래서 기욤은 아키텐공으로 임명된 경건왕 루이의 후견인을 맡았습니다. 그는 803년에는 스페인의 무어인과 싸우고, 바르셀로나 탈환으로 이름을 떨치는데, 그 모습은 프랑스 무훈시에도 노래되고 있습니다. 이런 공을 세운 덕분에 기욤은 프랑스의 유력한 공가가 되고, 마침내는 아키텐공으로 임명되었습니다.

아키텐 공국의 기욤 1세(재위 898~918)는 910년에 베네딕트 수도회에 수도원을 기부하고 자신도 몸소 수도사가 되었습니다. 그가 클뤼니에 기부한 수도원은 클뤼니 수도원으로서 중세 그리스도교 발전의 원동력이 되어 그리스도교를 유럽의 보편적 종교로 하는 데 크게 공헌했습니다. 기욤 1세는 이런 공적으로 성인의 반열에 올랐습니다.

성 기욤 1세 이후 아키텐 공가에서는 장남에게 기욤이란 이름을 붙이는 전통이 생겨나서 기욤 10세까지 같은 이름의 공작이 배출되었습니다. 정복왕 윌리엄의 명명도, 이런 유행의 영향을 받은 것이라 생각할 수 있습니다. 아키텐의 기욤 9세(재위 1086~1136)는 투

르바두르의 제1인자였고, 기욤 10세는 잉글랜드의 헨리 2세 비가
된 엘레아노르의 아버지입니다.

유럽에 걸쳐 활약한 로베르들

영어의 남성명 로버트(Robert)는 윌리엄과 마찬가지로 프랑크적
인 이름인데, 중세의 노르만적인 이름으로서 인기가 생겼습니다.

카롤링거 왕가와 대립했고, 그 왕가에 이어 한때 프랑스를 지배
했던 왕가가 로베르가입니다. 로베르가의 조상은 메로빙거가의 분
가로 나중에 노르망디 지방이 되는 프랑크 왕국의 서부지방에서 세
력을 쌓고 있던 로베르라는 인물이었습니다. 10세기부터 14세기까
지의 오랜 기간에 걸쳐 프랑스왕의 지위를 차지했던 카페 왕조의
창시자인 위그 카페(Huges Capet, 재위 987~996)는 로베르의 증손
자입니다.

초대 노르망디공은 롤로(Rollo)라고 불렸는데 그리스도교로 개
종해 세례명을 로베르(Robert)로 했습니다. 그 이래로 노르만인들은
로베르를 가장 숭배해야 할 조상으로 여기게 됩니다.

시칠리아와 남이탈리아를 정복하고, 두 시칠리아 왕국의 기초를
쌓은 로베르 기스카르(Robert Guiscard, 1015~1085)도 노르망디 공
가와 친척 관계로 여겨지는 인물이었습니다. 로베르 기스카르에 관
해서는 십자군을 불러들인 비잔틴 제국의 황제 알렉시우스 1세의
딸 안나 콤네나가 흥미로운 기술을 남기고 있습니다.

그에 따르면, 그는 몸집이 크고, 붉은 기가 도는 얼굴빛에 머리

카락은 금발이며, 어깨폭이 넓고 눈빛은 불처럼 날카로웠으며, 몸 전체는 멋지게 균형잡혀 있고 머리끝에서 발끝까지 우아했습니다. 또한 그의 목소리는 아킬레우스의 목소리같고, 그의 웅장한 부르짖음은 몇천 명의 사람들을 공포에 빠뜨렸습니다.

그러나, 그의 마음은 악당의 그것이었습니다. 단 5명의 기사와 30명의 보병을 이끌고 노르망디를 나와 롬바르디아에서 음모를 구사해 힘을 길러서는 마침내는 콘스탄티노플의 로마 황제 자리까지를 엿본, 권력욕으로 똘똘 뭉친 사내입니다. 목적을 위해서는 수단을 가리지 않는 그의 냉혹함은 그리스도가 태어났음을 알고는 베들레헴과 그 주변의 2살 이하의 사내아이는 모두 암살하라고 명했던 헤로데스왕에 비교될 수 있습니다.

그러나, 로베르 기스카르는 로마 교회 쪽에서 보면 보기드문 영웅이었습니다. 그는 교황과 신성로마제국의 서임권 투쟁에서 교황에게 복종할 것을 표명하고, 신성로마제국 하인리히 4세에게 점령된 로마에서 그레고리우스 7세를 구출하는 빛나는 공적을 올렸습니다. 로베르 기스카르는 또한 용병이라는 모험집단 안에서 세력을 키워서 그리스도교도에게 위협이 되었던 이슬람교도의 세력을 억누르고, 비잔틴 제국과도 싸움을 일으켜서 모두가 동경하던 화려한 도시 콘스탄티노플을 정복하려 했던 입지전적인 인물이었습니다. 그런 로베르 기스카르를 고향 노르망디의 시인은 트로이를 함락시킨 지혜로운 장군 오디세우스에 비유했습니다.

정복왕 윌리엄의 둘째 아들도 로베르였습니다. 그는 아버지가 잉글랜드 통합에 힘을 쏟음에 따라 자리가 비게 된 노르망디의 지배권을 얻어 노르만공(재위 1050~1132)이 되었고, 제1차 십자군에도 참가해서 성 게오르기우스 전설을 서유럽에 전했다고 하는 인물입니다. 제1차 십자군에는 정복왕 윌리엄의 형제 플랑드르 백작 로베르 1세와 그의 아들 로베르 2세도 참가했습니다. 그들은 가문의 고귀함을 자랑으로 여기고 무용과 민족의 번영에 강한 자부심을 느끼고 있었습니다.

그런 그들은 동시에 민중의 영웅이었고 그들의 무용담은 당시 사람들을 열광시켜 그들 이름을 따서 아이들 이름을 짓는 것이 유행했습니다. 이후 Robert는 언제나 인기 있는 이름입니다.

오딘의 지혜에 빛나는 로베르토

Robert는 고대 고지 독일어에서는 Hruodperht입니다. Hruod-의 뜻은 일반적으로 '명성'이라 해석되고 있는데, 이 말은 인도유럽 조어 *kar-(목소리 높여 칭찬하다)에서 *hro-를 거쳐 나온 것으로, 고대 인도 아리아어 karuh(시인)나 그리스어 kerux(포고자, 먼저 닿음, 사자 使者)와 동족 언어입니다.

이렇게 보면 Hruod-는 시(詩)의 신으로서의 오딘, 지혜로운 자로서의 오딘의 측면을 나타냄을 알 수 있습니다. 고대의 시인이란 점을 맡은 이이자, 예언자이자, 신들의 의도를 전하는 역할을 맡았던 이였습니다. Hruodperht의 제2요소 -perht는 '빛나는'이라는 뜻입니다. 고대 고지 독일어 -perht는 고대 영어 beorht에 대응하는데, 이

고대 영어는 차츰 음위전환이 일어나 breht나 bricht가 되고 근대 영어의 bright(빛나는)가 되었습니다. 그 빛은 어둠을 밝히고 모든 것을 꿰뚫어볼 수 있게 하는 빛이기도 합니다.

-perht는 또한, birch(자작나무)와 같은 계열의 말입니다. brich는 게르만어로는 토네리코(ash tree)를 뜻하는 말이기도 했습니다. 토네리코는 빛과 풍요를 상징하는 나무이기도 합니다. 북유럽 신화에서는 수호목인 이그드라실(Yggdrasill)이 토네리코인데, Yggdrasill은 Yggr(오딘)와 drasill(말)로 이루어진 말입니다. 이 이그드라실의 뿌리는 서리의 거인이 살고 있는 세계 요툰헤임에 닿아 있고, 그 뿌리 끝에는 현명한 신 미미르가 지키는 샘이 솟고 있습니다. 그 샘의 물을 마시면 모든 것을 통찰하는 힘을 얻을 수 있게 됩니다.

오딘은 자신의 한쪽 눈을 내주고 그 물을 마셨습니다. 그런데, 그 통찰력을 손에 넣자 더더욱 많은 것을 알고 싶은 바람에 사로잡혀 이번에는 이그드라실에 아홉 밤 동안 자신을 매달고 옆구리를 창으로 찔러 스스로를 상처입히고는 룬 문자를 손에 넣습니다.

이렇게 해서 오딘은 룬 문자의 소유자가 되고 그 문자의 마술에

스웨덴 고트랜드섬에서 발견된 9세기 무렵의 벽화. 오딘의 전사 발킬리들이 팔각마 슬레입니르를 타고 돌아오는 오딘을 맞이하고 있다.

　　　　북유럽 신화에서 신들의 세계인 아스가르드 한가운데에 펼쳐진 이다 들판에서 자라고 있는 거대한 물푸레나무. 이그드라실의 가지는 하늘 끝까지 닿아 있고, 뿌리는 대지의 바닥까지 닿아 있다. 또한 뿌리는 세 갈래로 뻗어, 한 갈래는 기능가겁(태초의 틈새)에 있던 요툰헤임에, 두 번째 갈래는 니플헤임에, 세 번째 갈래는 아스가르드에 뻗쳐 있다. 이 각각의 뿌리 옆에는 샘이 있다. 니플헤임에 뻗어 있는 뿌리 옆에는 '흐베르겔미르(울부짖는 솥)'라는 샘이 있고, 그 안에는 이그드라실의 뿌리를 갉아먹는 용이 살고 있다. 요툰헤임에 뻗은 뿌리 옆에는 지혜의 원천인 '미미르의 샘'이 있다. 오딘은 미미르에게 한쪽 눈을 빼주고, 샘물을 마시고는 세상의 모든 지혜를 얻는다. 아스가르드에 뻗어 있는 뿌리 옆에는 '우르다르의 샘'이 있다. 거기에는 과거와 현재, 미래를 나타내는 운명의 여신인 노른 삼 여신(우르드, 베르단데, 스쿨드)이 운명의 실을 자으며 살며, 이그드라실에 물을 뿌려준다.

의해 지상의 모든 것보다도 지혜가 뛰어나고 가장 많은 것을 아는 이가 되었습니다. 오딘은 인간의 미래나 운명을 알고 땅에 묻힌 모든 보물이 있는 곳도 알고 있었다고 『잉글링거 사가』에 씌어 있습니다. 이처럼 Robert는 가장 지혜로운 이, 오딘과 깊은 관계가 있는 이름이었습니다.

6.
서방 십자군의 가톨릭 왕들

레콘키스타의 영웅들

중세 서유럽에서는 성지 예루살렘을 향했던 십자군 영웅들에 감화받아 이름을 붙이는 것이 대유행이었습니다. 이베리아 반도에서 이슬람교도와 싸웠던 영웅들도 이름을 짓는 데에 커다란 영향을 미쳤습니다.

이베리아 반도에서는 5세기 초에 서고트족이 이탈리아를 거쳐 피레네의 남북으로 침입해 들어와 왕국을 건설했습니다. 그러나 그 왕국은 711년에 사라센에 의해 멸망했습니다. 이후, 서고트 왕국 재건의 바람은 스페인 역사의 정신적인 버팀대가 되었습니다. 그리고, 이 고트 왕국 재흥을 위한 국토회복운동(레콘키스타, reconquista)은 차츰 십자군으로서 그리스도 교도의 성전으로 여겨지게 되었습니다.

그 싸움을 격려해 이끌고 마침내는 승리로 이끈 영웅들에 감화

받아 퍼진 이름이 바로 스페인에 많은 알폰소(Alfonso)와 페르난도
(Fernando)입니다.

산티아고 데 콤포스텔라의 건설자 알폰소 2세

스페인에서는 중세부터 근대에 걸쳐 알폰소라는 이름을 가진 국
왕이 열몇 명씩이나 나왔습니다. 알폰소 13세(Alfonso XIII, 재위
1886~1931)는 공화혁명이 성공하기까지의 국왕이었습니다. 서고트
왕국이 멸망하고부터 서고트인이라 여겨지는 펠라요(재위 718~737)
가 이베리아 반도 북서부에서 반(反) 이슬람 운동을 전개해 레온 왕
국의 전신인 아스투리아스 왕국의 기초를 닦았습니다.

알폰소 1세(재위 739~757)는 펠라요의 딸과 결혼한 서고트인입
니다. 그는 아스투리아스 왕국의 2대째 왕이 되자, 국토회복운동을
더욱 철저하게 밀어붙여 가톨릭왕이라 불렸습니다. 산티아고 데 콤
포스텔라는 알폰소 2세(재위 791~842)가 대 야고보의 무덤을 지키
기 위해 짓게 했던 교회입니다. 그 교회는 예루살렘, 로마와 나란히
중세 최대의 순례지가 되고, 국토회복운동의 정신적 근거지가 되었
습니다.

Alfonso에는 다양한 어원설이 있습니다. 그러나 고트어 adal(고
귀한)과 -funs(의지)에서 생겨났다고 생각하는 설이 유력하니, 이 이
름의 뜻은 '유능한 왕'으로 해석할 수 있습니다. -fons를 가진 이름
에는 그밖에, 오딘 신앙의 영향을 강하게 느끼게 하는 힐데폰스
(Hildefons)가 있습니다. 이 이름의 원뜻은 '싸우다+의지가 강하다'

입니다. 스페인어로는 일데폰소(Ildefonso)가 있는데, 이 이름을 가진 인물로는 스페인에서 마리아 숭배를 강력히 추진했던 성 일데폰소(606?~667)가 잘 알려져 있습니다.

레콘키스타의 완성자 페르난도 5세

마드리드가 있는 카스티야 지방은 오랜 기간 동안 사라센인에 맞서 싸운 국토회복운동의 전선이었습니다. 카스티야(Castilla)는 '요새(castle)'라는 뜻의 지명인데, 사라센인과의 싸움 과정에서 그 지방의 경관을 특징지을 정도로 요새가 만들어져서 이런 이름으로 불리게 되었습니다. 10세기가 되자 이곳에 스페인 북서부를 중심으로 세력을 갖고 있던 레온 왕국에서 독립한 페르난 곤잘레스(Fernan Gonzalez, 재위 931~970)가 왕국을 건설했습니다. 그것은, 이베리아 반도의 중앙부를 그리스도교도가 유효하게 지배하게 되었음을 뜻하고, 국토회복운동의 커다란 전진을 뜻했습니다. 그 이후 페르난과 그의 변화형 페르난도(Fernando)는 이 지방의 전통 이름이 되었습니다.

페르난도 1세 대왕(Fernando I, 재위 1038~1065)은 페르난 곤잘레스의 증손자로 레온 왕국을 병합해서 레온 카스티야 왕국을 세웠습니다. 또한 페르난도 3세(재위 1217~1252)는 사라센인과의 싸움에서 대대적인 승리를 거두고 이베리아 반도의 3분의 2를 지배 아래 두었습니다. 그는 이런 공적으로 성인으로 올려진 영웅왕입니다. 페르난도라는 이름의 인기는 특히 페르난도 3세에게 빚진 부분이 많다고 여겨집니다.

레콘키스타를 최종적으로 완성시킨 이는 페르난도 5세(Fernando V)입니다. 그는 이베리아 반도의 남동부 아라곤의 왕자였는데 카스티야의 이사벨라 여왕과 결혼해 카스티야 왕국을 1474년에서 1504년까지 이사벨라와 공동통치했습니다. 그리고, 마침내 1492년에 스

레콘키스타 711~1492년까지 780년 동안 그리스도교도가 이베리아 반도에서 벌였던 이슬람 세력 축출운동. 이베리아 반도는 BC 1세기 이후 로마의 속주였으며, 로마의 지배가 500년이나 지속되면서 라틴어와 그리스도교가 전파되었다. 그러나 게르만의 이주가 시작되면서 로마제국은 쇠퇴하기 시작했다. 반달족, 알라만족, 수에비족 등에 이어 서고트족이 침입하여 반달족을 내몰고 서고트 왕국을 건설하였으며, 이들은 8세기 초에는 이베리아 반도의 대부분을 지배하였다. 서고트족은 원래 그리스도교를 믿었으나 차츰 가톨릭 세력이 커져갔다. 한편, 아랍인들은 7세기 말에 북아프리카에서 대서양 연안에 도달했다. 북아프리카의 베르베르인 중에는 이슬람교로 개종한 이들이 나타났는데, 이들이 무어인이다. 아랍인과 무어인 집단이 8세기 초에 서고트 왕국을 멸망시키고 북부를 제외한 이베리아 반도를 지배한 이후, 이슬람의 지배가 계속되었다. 한편, 이슬람 세력이 이베리아 반도를 정복하였을 때 에스파냐의 귀족들은 북쪽의 칸타브리아 산맥, 동쪽의 피레네 산맥으로 도피했기 때문에, 국토회복운동도 에스파냐 북부의 아스투리아스와 피레네 지방에서부터 시작되었다. 이슬람 축출 과정에서 수복한 땅에서 왕국의 형태로 작은 독립국가들이 형성되었다. 아스투리아스에는 10세기에 레온 왕국이 성립되었고, 레온 왕국에서 카스티야 왕국이 분리되었다. 11세기에는 카스티야 왕국이 레온을 병합하고 나바라 왕국에서 아라곤 왕국이 분리되었다. 1469년에 카스티야 왕국의 이사벨라 여왕과 아라곤 왕국의 페르난도왕의 결혼으로 통일 에스파냐 왕국이 성립되었다. 1492년에 페르난도와 이사벨은 이슬람 최후의 거점이었던 그라나다를 함락시킴으로써 국토회복운동을 완성하였다.

페인 남부 그라나다에 남은 사라센인을 몰아내고 국토회복운동을 완성합니다. 1492년은 콜럼버스가 아메리카 대륙을 발견했던 해이기도 합니다.

페르난도(Fernando)는 독일어로는 페르디난트(Ferdinand)입니다. 이사벨라와 페르난도 5세 사이에서 태어난 여왕 후아나(Juana)와 합스부르크가 출신의 펠리페 1세(Felipe I, 재위 1504~1506) 사이에 태어난 이가 카를 5세(Karl V)와 카를 5세를 이어 신성로마제국 황제가 되었던 페르디난트 1세(Ferdinand I, 재위 1556~1564)입니다.

Ferdinand의 Ferd-는 게르만 조어 *farth(여행, 원정)가 어원입니다. -nand의 어원은 고트어 -nanth(대담한, 용감한)이므로 이 이름의 뜻은 '대담한 원정'이라 해석할 수 있습니다.

게르만 조어 *far-(여행하다)에서 파생한 고대 영어 faru에는 '여행' '전투 등으로 향하다' '긴 여행' '일족' 등의 뜻이 있습니다. 즉, Fernando의 Fer-는 '무장집단으로서의 일족'이나 그런 일족의 '원정'을 뜻하는 말이었습니다. 『잉글링거 사가』에서는 오딘을 '위대하고 아주 먼 길을 여행했던 전사'라 부르고 있으며, 오딘이 기나긴 기간에 걸쳐 원정에 나가는 이야기가 있습니다. 그는 아득히 먼 곳에까지 싸우러 향하고 모든 싸움에서 승리해 많은 왕국을 정복했습니다. 이렇게 보면, 서고트어에서 기원한 페르난도는 오딘에 감화받은 이름이라 생각할 수 있습니다.

5장

현대에 살아 있는 켈트의 로망

켈트인은 유사 이래로부터 유럽에 널리 거주하고 있었습니다. 그들은 카이사르가 드루이드라 불렀던 자연숭배적인 사제들을 중심으로 공동체를 형성하고 있었습니다. 그러나, 로마의 확대와 함께 세력이 약해지고 게르만 민족 대이동에 따른 로마와 게르만의 항쟁 속에서 쇠퇴했습니다. 그리고, 오늘날의 웨일스, 아일랜드, 스코틀랜드로 몰아넣어져 가는 과정에서 그들은 게르만인으로부터 '타관 사람(한 패가 아닌 사람)'으로 노예 취급을 당합니다.

나중에 쓰겠지만, 웨일스(Wales)나 월리스(Wallace) 등의 지명이나 개인명에 이것이 잘 드러나 있습니다.

그러나, 유럽이 민족 대이동으로 장기간에 걸쳐 혼란스러운 사이, 유럽의 동란을 피해 온 그리스도교도들의 영향으로 아일랜드에서는 그리스도 문화가 번영했습니다. 그리고 높은 학문적, 종교적 수준을 가진 아일랜드의 수도사들은 대륙의 이경순례에 나섰습니다. 켈트 재흥의 염원은 각지에서 다양한 토착 문화와 그리스도교가 융합한 전설을 낳았습니다. 대표적인 것이 아서왕 전설인데, 그들 전설에 등장하는 영웅들의 이름은 19세기의 민족주의 운동과 함께 부활해 오늘날에도 높은 인기를 누리고 있습니다.

브리짓(Bridget), 기네스(Guinness), 헤네시(Hennessy), 핀(Finn), 코널리(Conolly) 등은 아일랜드의 신화나 전설에서 유래하는 이름과 성이고, 아서(Arthur), 제니퍼(Jennifer) 등은 콘월이나 웨일스에서 태어난 아서왕 전설에서 비롯된 이름입니다. 또한 닐(Neil), 브라이언(Brian), 케네스(Kenneth), 퍼거스(Fergus), 도널드(Donald) 등은 아일랜드나 스코틀랜드 왕들에서 유래하는 이름입니다. 이들 이름의 유래를 실마리로 켈트인의 풍성한 문화를 떠올려 봅시다.

1.
타관사람으로서 노예 취급받았던
켈트인

켈트인은 '외인'

웨일스(Wales)는 고대 영어 wealh(타관 사람)의 복수형 wealas가 고유명사화된 것인데, 이 말은 앵글로색슨인이 선주민인 켈트인의 뜻으로 썼던 것이었습니다.

wealh는 또한 '노예'를 뜻하는 말이기도 해서, 당시 앵글로색슨인을 중심으로 한 게르만인에게 멸망한 켈트인이 처했던 입장을 잘 드러내고 있습니다. 스코틀랜드에 많은 남성명 월리스(Wallace)는 고대 영어 wealh에서 파생한 이름으로, 잉글랜드를 정복한 노르만인의 말 waleis를 거쳐 이름이 되었습니다. 즉 Wallace의 원뜻은 '외인'으로, 영국 각지에서는 '켈트인'이라는 뜻의 이름이었지요.

이 이름은 특히 에드워드 1세 통치 아래의 스코틀랜드에서 잉글랜드에 대한 저항운동의 지도자로 비극적인 죽음을 맞이했던 윌리엄 월리스(William Wallace, ?~1305)에 감화받은 이름으로 스코틀랜드를 중심으로 쓰이기 시작했고, 특히 내셔널리즘이 성했던 19세기에 인기 있는 이름이 되었습니다.

독립운동의 영웅

월리엄 월리스는 스코틀랜드, 즉 켈트인이며, 30명 정도의 사람을 이끌고 압정에 떨쳐 일어났습니다. 그리고, 차츰 잉글랜드에 대한 저항운동의 중심이 되어 에드워드 1세의 압도적인 잉글랜드군을 상대로 한때 멋진 승리를 거두기도 했습니다. 그러나, 이 성공은 노

월리엄 월리스 13세기 말에 잉글랜드의 전제 군주 롱섕크(에드워드 1세)의 탄압을 받고 있던 스코틀랜드의 독립운동을 이끈 영웅. 1297년 스털링 다리에서 에드워드 1세의 잉글랜드군을 크게 무찌르기도 하지만, 잉글랜드에 매수당한 저항군의 배신으로 전투에서 지고, 포로가 되어 런던으로 끌려가 반역죄를 선고받았다. 분노한 에드워드 1세는 그를 교수형에 처하고 사지를 찢은 뒤 그의 머리를 런던교의 큰 못에 걸게 했다. 그러나, 이 잔혹한 처형은 오히려 월리스를 순교자로 만들어 스코틀랜드인을 자극해 스코틀랜드 독립운동의 계기가 된다. 그의 사후 556년이 된 1861년 6월 24일, 스코틀랜드의 스털링에는 그를 기리는 90m 높이의 기념비가 만들어졌으며, 그에 대한 기록과 일기 등은 스코틀랜드의 글래스고에 살고 있는 후손들이 보존하고 있다. 영화 「브레이브 하트」(1995)는 월리엄 월리스의 파란만장한 삶을 소재로 하고 있다.

르만 출신 귀족들의 질투와 보신주의에서 비롯된 배신을 불렀고, 월리스는 체포되어 런던탑에서 두 손과 두 발이 잘리고 내장이 도려내지고, 마지막에는 목이 잘려 죽습니다.

월리스의 영웅적인 활약, 그리고 자유를 부르짖으며 맞이한 슬픈 죽음은 결국 그의 유지를 받든 로버트 블루스에 의한 스코틀랜드 독립으로 이어졌습니다. 이렇게 해서 윌리엄 월리스는 스코틀랜드 최대 영웅 중 한 명이 되었고, 오늘날에도 스코틀랜드 독립운동의 상징적인 이름이 되고 있습니다.

월리스(Wallice, Wallis), 월리스(Walles), 월리(Wallie, Wally) 등은 Wallace의 변화형입니다. 고대 영어 wealh을 구성요소로 갖는 이름에는, 월콧(Walcot), 월든(Walden), 월퍼드(Walford), 월링턴(Wallington) 등이 있습니다. Walcot의 -cot은 cottage(오두막)이며 원뜻은 '켈트인의 집' 입니다. Walden의 -den은 고대 영어 denu(계곡, 분지)가 원뜻으로 이 이름은 켈트인이 살고 있었던 토지의 이름이었습니다. Walnut(호두)의 원뜻은 '켈트인의 넛' 이지요.

2.

드루이드 신앙이 낳은 아일랜드의 신들

마음 깊숙이 켈트인의 혼

켈트인은 소아시아, 유럽 대륙, 브리타니아, 아일랜드 등에 광범위하게 분포해 있었습니다. 당연히 문화도 언어도 지방에 따라 달랐습니다. 그러나, 그들은 공통적으로 태양숭배에서 유래하는 종교를 가졌고, 드루이드(druid)라 불린 사제가 점이나 재판을 관장하고 왕을 선택하면서 신앙이나 신화를 발달시켰습니다.

드루이드(druid)는 카이사르가 쓴 라틴어 druides가 영어화한 말입니다. 이 말은 *dru-(오크)와 *wid-(알다)로 이루어진 고대 켈트어 druid를 라틴어화한 것으로, 뜻은 '오크를 아는 이' 입니다.

로마의 자연학자 플리니우스는 『박물지』(16장 249절)에서 '갈리아의 드루이드는 겨우살이(mistletoe)가 자라고 있는 오크(떡갈나무)만큼 신성한 것은 없다고 생각하며, 겨우살이는 하늘로부터의 선물이며, 그것이 자라는 떡갈나무는 신이 선택한 나무이고 그 떡갈나무가 있는 숲을 필요로 하지 않는 의식을 행하는 일은 없다'고 쓰고 있습니다.

켈트 신화나 전승은 켈트인의 가장 서쪽 정착지가 되었던 아일 랜드에서 성 패트릭이나 성 콜룸바 등이 있는 곳으로 모여든 그리 스도교 수사들에 의해 수집되어, 그리스도교와 융합해 독자적인 문 화를 발달시켰습니다. 그것은 드루이드 신앙과 그리스도교가 서로 영향을 미치면서 어우러져 갔음을 뜻합니다.

아일랜드나 스코틀랜드에서는 침입자인 게르만인과 토착 켈트 계 원주민과의 항쟁 과정에서, 켈트 신화와 전승은 여러 차례 켈트 인의 혼을 고취시켜 그들의 신화나 전승에 등장하는 인물의 이름이 유행했습니다. 옛날에는 타라의 상왕을 지키는 피아나 기사단 전승 이나 아서왕 전설에서 게르만인과 켈트인과의 항쟁의 영향이 보입

드루이드 켈트어로 '오크(참나무)를 아는(찾는) 이' 라는 뜻으로, 고대 켈트족의 종교인 드루이드교의 사제 계급. 세습되었으나 선거를 통해 구성원을 늘 리기도 했다. 참나무를 신성시하고 흰 옷을 입었으며, 켈트족의 교사, 사제, 재판관, 천문학자, 화학자, 음악가, 시인, 신학자, 철학자, 의사, 약사들이었다. 드루이드가 되 기 위해서는 20년에 이르는 혹독하고 긴 수련 과정이 필요했다고 한다. 그들의 지 위와 영향력은 막강해서 왕이나 부족장도 그들을 함부로 대할 수 없었다. 또한, 드 루이드는 공적이거나 사적인 분쟁을 심판하고, 벌을 내렸으며, 판결에 불복종한 사 람은 제사에 참석할 수 없었는데, 그것은 당시 사람들에게 가장 큰 벌로 여겨졌다. BC 1세기 무렵까지도 숲 속에서 인신공양을 행하기도 했다고 전해진다. 카이사르 의 로마군 점령기에 저항세력의 중심이 되었으므로 탄압을 받아 차츰 쇠퇴하기 시 작했다. 뒤이어 들어온 그리스도교 때문에 6세기 말 경에는 거의 소멸했다.

니다. 또한, 북유럽에서 온 바이킹이나 영국을 거쳐 온 노르만인과의 싸움을 통해서도 켈트인 혼이 자주 고무되었습니다.

현대에 와서는 19세기에서 20세기에 걸친 아일랜드 독립운동이 치열해진 시기에 그런 경향이 두드러져, 아일랜드 민족주의가 얼마나 사람들 마음에 깊이 침투해 있었는지 알 수 있습니다.

게일의 마리아, 브리깃

켈트인은 영혼의 불멸과 전생(轉生)을 믿고 있었다고 카이사르는 『갈리아 전기』에서 쓰고 있는데, 아일랜드의 켈트인은 지하에 있는 영원한 젊음의 나라에 살고 있는 모신 다누(Danu)의 일족 투아타 데 다난(Tuatha De Danann : 다나 여신의 신족)이 영적 우주를 지배하고, 현세에 사는 사람들은 다나 신족의 자손인 영웅들을 거쳐 신들과 통하고 있다고 믿고 있었습니다. 투아타 데 다난은 빛과 지혜의 신들로 인간에게 다양한 지혜와 기술, 그리고 풍요를 가져다주는 신들이었습니다.

신들의 어머니 다누(Danu)는 다나(Dana)나 아누(Anu), 또는 아나(Ana)라고도 불리는 풍요의 모신입니다. 이 모신은 중세에는 이름의 발음 때문에, 마리아의 어머니 안과 동일시되곤 했습니다.

다누는 갈리아의 켈트인 사이에서 불의 여신, 시가의 여신, 시, 법률, 대장일, 약, 집의 수호신, 출산의 수호신, 그리고 풍요의 여신으로 믿어지던 여신과 혼동되어 브리깃(Brigit)이라 불리고 있었습니다. 브리깃은 로마의 여신 미네르바(아테네)적이기도 했고, 유노

(헤라)적이기도 했습니다.

브리깃(Brigit)의 어원은 명확하지 않지만, Brian의 Bri-와 관계지어져, 고대 켈트어의 brigh(힘)나 *bre(언덕, 높은 자)에서 유래하는 것이라 여겨지고 있습니다. 이 이름은 말하자면, '우월, 능력, 권위, 세력'이라는 뜻을 갖고 있었습니다.

그리스도교화된 아일랜드에서 브리깃은 아름다운 성녀 브리깃(St. Brigit, 453~523?)으로 숭배되었습니다. 성 브리깃은 게일의 마리아라 불리며, 아일랜드의 수호성인이 되었습니다. 켈트인의 신앙에 뿌리내리고 있는 여신을 선교사들이 그리스도교에 도입해 성인화한 것입니다. 성 브리깃은 특히 킬데어의 성 브리깃(St. Brigit of Kildare)이라 불리고 있습니다. 킬데어는 더블린 남서쪽 40킬로미터 떨어진 곳에 있는 마을로, 브리깃은 그 땅에 수도원을 짓고 몸소 수녀가 되었다고 합니다. 아일랜드인은 성 패트릭을 그 이름이 뜻하듯이 '아버지'로, 성 브리깃을 '어머니'로, 성 콜룸바(columba[원뜻 : 비둘기])를 성령으로, 삼위일체의 신이라 여기는 일이 자주 있었습니다.

이름 브리깃(Brigit)은 라틴어화되어 브리기타(Brigitta)가 되고, 프랑스어 브리지트(Brigitte)를 거쳐 영어명 브리짓(Brigdet)이 되었습니다.

브리지트(Brigitte)란 이름을 가진 인물로는 프랑스 여배우로 마릴린 먼로와 대적하는 섹스 심벌로 활약했던 브리지트 바르도(Brigitte Bardot, 1934~)가 있습니다. 브리지트 포시(Brigitte Fossey,

1946~)는 프랑스 영화 「금지된 장난」에서 나치의 공습으로 부모를 잃은 천진난만한 소녀 폴레트를 연기한 여배우로 알려져 있지요.

사랑과 젊음의 신 에잉거스에서 유래한 기네스와 헤네시

아일랜드와 스코틀랜드에 많은 이름 가운데 하나로 앵거스 (Angus)나 기네스(Guinness)가 있습니다. 앵거스는 게일어로는 에잉 거스(Aongus, Aonghas)로 사랑과 젊음의 신이자 그리스 신화의 에 로스에 해당하는 신입니다. Aonghas의 어원은 게일어 aon(사람)과 ghus(선택)으로 이루어진 이름으로 '선택된 이'가 원뜻이라고 여겨 집니다.

이 이름을 가진 인물은 성 콜룸바 시대에 처음으로 책에 등장하 는데 전설에 따르면, 성 콜룸바가 이 이름을 가진 인물을 "오래 살

> **성 패트릭** 아일랜드에 기독교를 전파한 아일랜드의 수호성인. 386년에 웨일스 지방에서 로마 시민으로 태어난 성 패트릭은 16살에 아일랜드 군대에 포로 로 잡혀가서 6년 동안 아일랜드 사람 집에서 노예생활을 했다. 그는 슬레미시 산비 탈에서 양을 치면서 신에게 간절하게 구원의 기도를 했다. 스물 두 살에 꿈 속에 나 타난 천사의 인도로 320km 이상을 걸어 극적으로 프랑스로 탈출하는 데에 성공했 다. 프랑스에서 패트릭은 성서를 공부하고 20년 동안 수도사로 지내다가 아일랜드 로 돌아가 온 섬을 그리스도교화했다. 성 패트릭이 그리스도교를 처음 소개하면서 삼위일체의 개념을 세 잎 클로버처럼 생긴 토끼풀에 비유해서 설명했다는 일화에서 토끼풀은 아일랜드의 국화가 되고, 초록은 아일랜드의 빛깔이 되었다. 매년 3월 17 일은 성 패트릭의 죽음을 기리는 '성 패트릭의 날'로 아일랜드 최고의 명절이며, 성 패트릭의 날에는 온 거리가 초록빛으로 넘실거린다.

영화 「금지된 장난」 포스터.

고 편안한 죽음을 맞으리라"고 예언했다고 합니다.

아일랜드의 맥주회사 이름으로 유명하며, 『기네스북』의 기네스로도 알려져 있는 Guinness는 '앵거스의 아들'이라는 뜻의 성인 매그 에잉거스(Mag Aonghus)가 어원입니다. 이것이 영어화되어 맥기네스(McGuinness)가 되고, 이어서 Mc-이 떨어져나가 성립했습니다. 맥주회사 기네스는 더블린의 초대 시장인 아서 기네스(Arthur Guinness, 1768~1855)가 세운 회사로, 그의 아들인 벤자민 기네스(1798~1868)가 아일랜드에서의 맥주제조 독점권을 얻었습니다. 오늘날에도 아일랜드에서는 맥주를 기네스라 합니다.

코냑 브랜드로 유명한 헤네시(Hennessy)는 게일어의 오헤잉거사(Oh Aonghusa : 앵거스의 자손)에서 변화한 성입니다. 헤네시의 창업자는 아일랜드의 남부 마을 코크에서 프랑스로 망명한 리처드 헤네시입니다. 그는 스튜어트 왕가 재흥을 위해 프랑스군에 참가해

싸웠던 '야생의 거위(Wild Geese)'라 불린 병사들의 일원이었는데,
전쟁에서 부상을 입었고, 상처를 치료하기 위해 머물던 코냑 지방
에 자리를 잡아 1735년에 주조회사를 세웠습니다.

3.

타라의 왕족과 아일랜드 사가의 영웅들

성스러운 새와 백수(百獸)의 왕

아일랜드계에서 일반적인 이름인 닐(Neil), 브라이언(Brian), 그리고 코맥(Cormac) 등은 타라의 상왕들에서 비롯된 이름입니다. 상왕이란, 아일랜드에 때로는 200명 이상도 있었던 부족의 왕들의 위에 있는 왕으로, 타라의 드루이드 사제들에 의해 정해졌습니다. 각 부족의 왕들은 각각 전쟁 전문 기사단을 거느리고 있었습니다. 신화적 성지이자 왕궁이 있는 곳이었던 타라는, 켈트인이 아일랜드에 정주한 이래 아일랜드의 수도였다고 여겨진 곳입니다.

전설에는 3세기에 활약했다고 여겨지는 코맥 맥 아트(Cormac mac Airt)가 아일랜드 최대의 상왕입니다. 코맥(Cormac)은 corb(갈가마귀)와 mac(아들)으로 이루어진 이름이라 여겨지고 있습니다. 갈가마귀는 전쟁의 여신 모리건(Morrigan)의 성스러운 새입니다. Airt는 Art(곰)의 소유격형입니다. 켈트인은 아르티오(Artio)라는 여신을 믿고 있었는데, Artio의 뜻도 '곰' 입니다. 이 여신은 원래는 풍요의 여신이었으며, 수렵의 여신이기도 하고, 곰의 수호신이기도 했습니다. 또한 곰은 백수의 왕이자, 기품있고 용맹하고, 용감한 전사를 상징하는 동물이기도 했습니다.

예전부터 대륙의 게르만인과 켈트인은 인접하는 민족으로 통상이나 전쟁을 통해 서로에게 영향을 미쳐왔습니다. 게르만인 사이에서 곰은 풍요와 전쟁의 신 토르의 성스러운 동물이었습니다. 갈가마귀는 게르만 신화의 주신 오딘의 성스러운 동물이기도 합니다.

유럽 최고(最古)의 왕가 오닐

닐(Neil)은 게일어로는 니알(Niall)로 게일어 Niall(투사, 옹호자)와 같은 어원의 이름입니다. 이 이름은 아일랜드에서도 특히 오래된 이름으로 유럽에서 가장 오래된 가계의 이름입니다. 전설에 따르면 타라의 상왕 코맥 맥 아트로 거슬러 올라간다고 여겨지는데, 역사적으로는 5세기에 아홉 명의 인질을 잡았던 니알(Niall of the Nine Hostages, 재위 445?~452?)로 거슬러올라갈 수 있습니다. 니알이 당시 9개의 소국을 속국처럼 복속시켜 그들 나라들로부터 공손의 증표로 인질을 잡고 있었기 때문에 그렇게 불렸던 것입니다.

그의 자손은 이 넬(Ui Neill)이라 일컬었습니다. 오 닐(O'Neil)의 오(O')는 이(Ui)가 영어화된 것입니다.

이 넬가는 8세기 종반에 시작된 바이킹의 노략질에 의해 세력이 약화되었지만, 1002년에 브라이언 보루에게 왕위를 빼앗기기까지 그 지위를 유지했습니다. 아일랜드에서 가장 사랑받으며 스코틀랜드의 사도라고도 불리는 성인 이오나의 대(大) 콜룸바도 이 넬 가문 출신입니다.

그리고, 원래 켈트적이고 아일랜드적인 이 이름은 스코틀랜드에서도 인기 있는 이름이 되어 맥닐(McNeil, McNeille, McNeale)이라는 성을 낳았습니다. 맥닐(McNeil)가는 아일랜드에서 스코틀랜드로 이주해 있던 이 넬의 피를 받은 가계로 스코틀랜드에서 유력한 클랜(clan : 씨족 — 옮긴이)을 형성해, 17세기에는 스튜어트 왕가 지지자(자코바이트)로 활약했던 일로 알려져 있습니다.

아일랜드의 사자, 브라이언 보루

브라이언(Brian, Brien)이나 그 변화형으로 성으로 쓰이는 Bryan은 Brigit과 마찬가지로 고대 켈트어 *bre(언덕)에서 유래하는 이름입니다. '명성, 탁월', 그리고 '왕'이라는 뜻으로 이름으로서 쓰이게 되었다고 여겨지지요. 아일랜드 신화에서는 브리안(Brian)은 생명의 샘인 모신 브리깃의 아들 이름으로 등장합니다. 그리고, 상왕의 전설적 계보에 의한 이 넬가처럼 코맥 맥 아트로 거슬러 올라갈 수 있습니다.

실재 인물로는 아일랜드 중흥의 영웅왕이자, 가장 왕다운 왕으로 아일랜드의 사자라 불린 브라이언 보루(Brian Boru, 재위 1002~1014)가 특히 중요합니다. 그는 남서부 맨스터를 중심으로 세력을 갖고 있던 씨족(sept) 출신이었습니다. 그는 바이킹과의 싸움을 통해 세력을 넓혀, 아일랜드 남반부를 지배 아래 두고, 1002년에는 이미 유명무실해져 있던 타라의 상왕 이 넬(Ui Neill)가를 대신해 상왕의 지위를 얻습니다. 브라이언 보루는 바이킹의 습격으로 피폐해진 아일랜드의 부흥을 꾀해 다리와 도로를 건설하고, 학문과 종교를 부활시켰습니다.

또한, 브라이언 보루가 승리함에 따라 바이킹은 그리스도교화했는데, 그것은 잉글랜드의 앨프리드 대왕의 업적과도 닮은 것이었습니다. 바이킹과의 결전은 1014년에 더블린 북쪽 클론타프에서 있었던 싸움이 유명합니다.

이처럼 아일랜드를 중흥시킨 브라이언의 명성은 특히 높아서, 브라이언의 자손은 아일랜드 각지에서 유력한 씨족을 형성하고는 Ui Brian이나 Ui Bryan 등으로 일컬었습니다. 그리고 이들 이름은 아일랜드에 침공한 스칸디나비아인 사이에도 퍼지고, 같은 계열의 이름을 갖는 부르타뉴 지방의 브리턴인이 노르만인과 함께 잉글랜드로 옮겨감에 따라 아일랜드 바깥에서도 이 이름이 쓰이게 되었습니다.

Brian은 예전부터 부르타뉴의 켈트인에게도 쓰이고 있었으며 브리앙(Briand, Briant, Briend) 등은 프랑스어적 이름입니다. 영어적 변화형에는 브라인(Brine)이나 브린(Breen) 등이 있습니다.

아일랜드의 헤라클레스, 쿠쿨린

『셜록 홈즈의 모험』의 지은이인 아서 코난 도일(Arthur Conan

Doyle, 1859~1930)은 아일랜드계 영국인이었습니다. 할아버지는 1815년에 런던으로 옮겨온 아일랜드인으로, 이름을 존 도일(John Doyle)이라 했습니다. 그가 아일랜드계 여성인 매리애너 코난(Marianna Conan)과 결혼해서 찰스 도일(Charles Doyle)이 태어났습니다. 그리고, 찰스 도일과 같은 아일랜드계 가톨릭교도 메리 폴(Mary Forle) 사이에 태어난 아이가 아서 코난 도일입니다.

도일가는 노르만인의 피를 이어받은 유서깊은 집안이었습니다. Doyle은 Dougall(원뜻 : 검은 머리 외국인)이 변한 것이자 원래는 검은 기가 도는 머리칼을 가진 데인계 바이킹을 뜻하는 이름이었습니다.

코난 도일의 미들 네임인 코난(Conan)은 게일어 Cu(wolfhound)의 소유격형인 Con의 애칭형입니다. wolfhound란 '이리사냥에 쓰이는 용감한 사냥개' 라는 뜻의 말입니다. 그리고 이 쿠(Cu)는 아일

아서 코난 도일.

랜드의 헤라클레스라 일컬어지는 전설 속 영웅 쿠쿨린(Cu Chulainn)의 Cu이며, 아일랜드인이 이름을 구성하는 요소로 특히 즐겨 쓰는 것입니다.

쿠쿨린은 1세기에 태어났다는 전설의 왕 콩코바에게 봉사했던 붉은 지팡이 기사단의 중심 인물입니다. 그는 마력을 갖고 있으며 힘과 아름다움, 그리고 무력에서 천하무적인 반신반인의 영웅입니

쿠쿨린　아일랜드 전설에 나오는 영웅 가운데 하나. 빛의 신 루의 아들로 반신반인이다. 그리스 신화의 헤라클레스와 비슷한 이미지를 갖고 있다. 쿠쿨린이 활약했던 당시 아일랜드는 얼스터, 코노트, 라인스터, 미(또는 미스), 무안이라는 5개의 왕국으로 나뉘어 있는데, 쿠쿨린은 이 가운데 얼스터의 영웅으로 '붉은 지팡이 기사단' 을 이끌고 코노트의 침략에 맞서 싸웠다.

쿠쿨린의 탄생 일화는 다음과 같다. 얼스터의 왕 콩코바가 어느 날 여동생 데쉬티르 공주를 찾는 여행길에 오른다. 콩코바왕 일행은 요정의 언덕에서 하룻밤을 묵게 되는데, 친절한 부부가 왕 일행을 극진히 대접한다. 그날 밤, 주인 여자가 헛간에서 아기를 낳는다. 이튿날 아침에 왕 일행이 일어나보니 집과 부부는 사라지고, 갓난아기와 망아지 두 마리만 동그마니 남아 있었다. 아기는 데쉬티르 공주가 키우는데, 얼마 지나지 않아 죽고 만다. 비탄에 잠겨 있던 데쉬티르 공주는 우연히 잠자리가 빠진 포도주를 마시고 꿈에서 빛의 신 루의 아기를 가졌다는 계시를 받는다. 달이 차자 공주는 사내아이를 낳았고, 루의 계시에 따라 세탄타라는 이름을 붙여주었다. 세탄타는 아주 잘 생기고 힘도 장사였는데, 화가 나면 괴물 같은 형상으로 변하곤 했다. 5살 때, 100명의 아이들과 놀다가 아이들이 그에게 100개의 은공을 던지자 분노하여 괴물로 변하는 바람에 모두 공포에 떨었다고 한다.

세탄타가 쿠쿨린이라는 이름을 갖게 된 일화가 있다. 어느 날, 콩코바왕은 대장장이 쿨란의 집으로 가던 도중에 세탄타를 만난다. 왕이 함께 가자고 하자, 그는 나중에 가겠으니 먼저 가 있으라고 한다. 왕은 먼저 쿨란의 집에 도착하고 잔치가 시작된

다. 아일랜드 북동부 지방인 얼스터의 수호신적 존재였습니다.

붉은 색은 로마 신화에서 군신 마르스의 색이자, 켈트인 사이에서도 전사의 색이었습니다. 그것은 기사로서 조국을 위해 일하고 싶다는 염원을 나타내고, 승리를 가져오는 능력을 나타내는 색이었습니다. 붉은 색은 또한, 황금의 색이자 풍요의 색입니다. 겨우살이의 금빛 가지는 드루이드들이 가장 신성시하며 마력을 가졌다고 생

다. 잔치가 한창일 때, 대장장이 쿨란이 왕에게 "뒤따라 올 사람이 있습니까?" 하고 물었다. 왕은 세탄타가 오기로 한 것을 깜빡 잊고 "없다."고 대답한다. 쿨란이 그렇게 물어본 이유는 밤경비를 위해 자신의 사나운 사냥개를 풀어 놓기 위해서였는데, 그의 사냥개는 주인만 알아보았으며, 어찌나 사나운지 세 명의 전사가 목줄을 잡아야 겨우 묶어 놓을 수 있었다. 세탄타가 도착하자 개는 그를 공격했고, 세탄타는 사냥개를 죽여버린다. 그리고, 개의 죽음을 슬퍼하는 쿨란에게 "이 개의 새끼가 있다면 내가 어미보다 훌륭하고 충실한 개로 만들어 드리겠습니다. 그리고 그들이 다 자랄 때까지 당신의 사냥개 대신에 내가 당신의 땅을 지켜드리지요."라고 말한다. 이 사건으로 세탄타는 '쿠쿨린(쿨란의 사냥개)'이라는 이름을 얻었다.

쿠쿨린의 죽음에 관한 일화는 다음과 같다. 어느 날, 코노트의 여왕 메이브가 얼스터의 자랑인 갈색 황소를 탐내어 쳐들어온다. 쿠쿨린은 붉은 지팡이 기사단을 이끌고 대항한다. 쿠쿨린의 활약으로 수백 명의 전사가 죽어나가자, 화가 난 메이브 여왕은 마지막 계략을 짜내어 쿠쿨린이 평생 먹지 않겠다고 맹세했던 금단의 고기인 개고기를 먹게 한다. 개고기를 먹은 쿠쿨린은 힘을 잃고 전사 100여 명에 의해 자신의 무기였던 마법의 창 게이볼그에 꿰뚫려 죽는다. 최후의 순간에도 쿠쿨린은 눕기를 거부하고 기둥에 자신의 내장을 묶고 죽는다. 쿠쿨린을 사모했지만 거절 당했던 전쟁의 여신 모리건은 그의 자존심이 상할까봐 차마 돕지 못하고 지켜보고 있을 수밖에 없었다. 마침내 쿠쿨린이 숨을 거두자 모리건은 까마귀로 변해 그의 어깨에 내려앉아 이별을 고하고 시신을 코노트군으로부터 지켰다.

각했던 것입니다.

　쿠쿨린의 용감한 전투 자세는 아일랜드의 전설에 다양하게 받아들여져 있습니다. 특히, 독립운동과 함께 왕성해진 아일랜드의 애국적 문예부흥의 기수 예이츠(William Butler Yeats, 1865~1939) 등이 주제로 택했던 쿠쿨린의 전설은 애국심을 고무해, 압정에 고통받던 사람들에게 용기를 주었습니다. 아일랜드 독립의식을 고양시켰던 1916년 부활제 봉기의 본부였던 중앙 우체국에는 죽어가는 쿠쿨린의 동상이 있고 받침대에는 독립선언이 새겨져 있습니다.

　미국의 아일랜드계 시민에게 많은 이름 코너(Connor)는 콩코발(Conchobar)에 감화받은 이름입니다. 아일랜드 서사시에 따르면 콩코발은 쿠쿨린의 큰아버지이자 양아버지입니다. Conchobar의 -chobar은 ‘사랑하는 이’라는 뜻으로, 이 이름의 원뜻은 ‘사냥개를

쿠쿨린의 동상. 어깨 위의 까마귀는 죽어가는 쿠쿨린을 지키는 전쟁의 여신 모리건이다.

핀 맥클과 오이신　　　　쿠쿨린으로부터 약 3백년쯤 뒤에 등장하는 아일 랜드 신화의 영웅들. 오이신은 핀 맥클의 아들이며, 둘 다 피아나 기사단에서 활약 했다. 당시에는 코맥 맥 아트가 아일랜드를 통치하고 있었고, 핀 맥클은 피아나 기 사단의 대장이었다. 핀 맥클은 신들의 왕 누아자의 손녀인 마나와 피아나 기사인 클 의 아들이었다. 핀이 태어나기 전에 아버지 클은 전사하고 마나는 핀을 숲 속의 드 루이드에게 맡긴다. 핀은 아주 아름다운 소년으로 자랐으며, 사냥과 수영을 잘했다. 소년이 된 핀은 드루이드인 피네가스의 제자가 되었다. 피가네스는 '지혜의 열매' 와 '지혜의 연어'를 가지고 있었는데 둘 중 하나라도 먹으면 세상의 모든 지식을 얻 을 수 있었다. 핀은 지혜의 연어를 요리하다가 엄지손가락에 화상을 입었다. 깜짝 놀란 핀은 황급히 엄지손가락을 입에 물었고, 덕분에 뛰어난 지혜를 얻게 되었다. 이후, 피아나 기사단에 들어간 핀은 왕국의 수도인 타라에 나타난 요괴를 퇴치하라 는 명을 받는다. 핀은 마법의 창의 힘을 빌어 요괴의 유혹을 물리치고 요괴의 목을 잘랐다. 이 공적으로 핀은 피아나 기사단 대장이 되었다.

어느 날, 핀 맥클은 사냥을 다녀오는 길에 사슴으로 변한 여인을 만나고, 그녀와의 사이에서 오이신이라는 아들을 얻었다. 오이신도 피아나 기사단의 기사가 되었다. 어느 날 오이신은 '요정의 나라' 공주를 만나 사랑에 빠져서, 공주와 함께 영원한 젊 음이 있는 요정의 나라에 가서 살게 되었다. 그러나 오이신은 고향을 너무나 그리워 했다. 3년이 지난 어느 날 오이신은 공주에게 아버지와 고향이 너무 그립다는, 자신 의 간절한 소망을 털어놓았다. 공주는 한 번만 고향에 다녀오라고 한다. 그 대신에, 절대로 말에서 내려 두 다리가 대지에 닿지 않게 하라고 신신당부한다. 그러마고 굳 게 약속하고 고향에 돌아온 오이신은 깜짝 놀란다. 아버지도, 친구들도 모두 세상을 떠나고 없었으며, 궁전도 나라도 없었던 것이다. 요정 나라의 3년은 인간 세계에서 는 수백년이었기 때문이었다. 허탈한 심정으로 고향을 돌아보던 오이신은 농부들이 힘들게 바위를 옮기려 하는 것을 보았다. 오이신은 말 위에서 그 돌을 들어 옮겨주 려 하다가 발이 미끄러져 땅으로 떨어지고 말았다. 발이 대지에 닿은 순간, 오이신 은 쭈글쭈글한 노인으로 변해버렸고, 말도, 요정의 나라도 사라지고 말았다.

나중에 오이신은 자신의 이야기를 성 패트릭에게 들려주었고, 성 패트릭이 기록을 대신 남겼다고 한다.

사랑하는 이' 입니다. 역시 아일랜드계 이름인 코널리(Connolly), 코낼리(Connally), 코넬리(Connelly)는 모두 게일어로는 오 코너리(Ui Coingheallaigh)이며, 이것은 콘갈(Congal : 사냥개처럼 용맹한)에서 변한 이름입니다. 콜린스(Collins)는 영어로는 니콜라스(Nicholas)에서 파생한 성이라 여겨지고 있지만, 아일랜드에서는 '사냥개의 아들' 을 뜻하는 게일어 coilean에서 생긴 게일어 성(姓)인 이 쿠위라인(Ui Coileain[원뜻 : grandson of Coilean])이 영어적으로 철자화된 것이라 해석되고 있습니다. Collins는 더블린의 전화번호부를 봐도 특히 많은 성입니다.

호용의 백기사 핀 맥클

아일랜드에 많은 이름 핀(Finn)과 피욘(Fionn)의 뜻은 '하얀' 입니다. 흰 색은 드루이드를 상징하는 신성한 색이었습니다. 드루이드 사제는 흰 옷을 몸에 두르고, 황금의 흉갑을 걸쳤다고 합니다.

아일랜드에는 기원 3~4세기 무렵에 생겼다고 여겨지는 피아나 전승들이 있는데, 그 전승에 등장하는 핀 맥클(Finn mac Cumaill)은 타라의 대왕 코맥 맥 아트(Cormac mac Airt)의 친위대인 피아나(Fianna)의 대장이었습니다.

핀의 아버지인 클(Cumaill : 하늘)은 핀이 태어났을 때는 이 세상을 떠난 뒤였습니다. 클의 아내는 숲속에서 은밀히 핀을 낳고, 여자 드루이드에게 양육을 맡겼습니다. 어머니는 아들을 딤나라 이름 지었지만, 그가 금발에 새하얗고 아름다운 청년으로 성장했기 때문에 주위 사람들이 그를 핀이라 부르게 됩니다. 핀 맥클은 그 아름다움에 더해, 연어를 먹고 성스러운 지혜를 가진 이가 되고 용맹스러운 전사가 되었습니다.

또한 핀의 어머니는 하얀 암소였다고 하는데 흰 소는 성스러운 왕권을 상징하는 것이었습니다. 핀이라는 이름은 19세기 초반 무렵부터 성해진 켈트 신화의 수집에 의해 차츰 부활했습니다. 아일랜드 독립운동의 일대 세력이 되었던 비밀결사인 페니언 단(Fenian Brotherhood)은 피아나 기사단에서 감화받은 이름입니다.

4.
켈트 재흥의 염원
아서왕

어원은 '곰' 일까

아서(Authur)라는 이름은 켈트 전승에서 유래하는 다양한 아서왕 전설에서 최고의 왕의 이름으로 널리 쓰이게 되었습니다. 아서왕은 로마제국이 멸망하고 나서 게르만 민족에게 지배당할 때까지의 부르타뉴를 다스리고, 색슨인에 대항해 용감하게 싸웠다고 여겨지는 인물입니다. 망해가는 켈트 민족 재흥의 꿈을 의탁받은 인물이자, 언젠가 반드시 나타나 켈트인을 승리로 이끌리라 믿어지던 인물이었습니다.

아서(Authur)는 중세 라틴어로는 아르토리우스(Artorius)입니다. 이 이름은 원래 켈트적이지만 어원은 명확하지 않습니다. 그러나, 전통적으로 브리턴인의 언어 arth(곰)나, 아일랜드의 게일어 art(곰)와 관계지어져 왔습니다. 앞서 쓴 이 넬가나 이 브리튼가의 선조라

여겨지는 코맥 맥 아트(Cormac mac Airt)의 Airt는 영어로는 Arthur
라 번역되었습니다.

이 켈트 전승은 차츰 음유시인이나 수도사들에 의해 중세의 기
사 이야기로 발전하고 다듬어져 갔습니다. 특히 켈트인이 많았던
부르타뉴에서의 전설은 음유시인들에 의해 유럽 각지에도 퍼졌습니
다. 10세기에서 11세기에 걸쳐, 부르타뉴의 북쪽에 인접한 노르만
인들은 산티아고 데 콤포스텔라로 향하는 길에, 샤를마뉴의 스페인
원정을 소재로 한 무훈시 「롤랑의 노래」를 대신한 새로운 이야기로
아서왕 전설을 특히 좋아했습니다. 음유시인들은 끝없이 이어지는
싸움터에서 한순간의 오락으로 기사들에게 이런저런 전설을 들려주
었던 것입니다.

1866년에 노르만인이 잉글랜드를 정복했을 때에도 많은 부르타
뉴인이 참가했는데, 그들은 기사 이야기로서의 아서왕 전설을 다시
브리타니아에 불러들였습니다. 그리고, 노르만인들이 많이 참가했
던 십자군에 의해 중계지인 나폴리나 베니스, 그리고 전진기지 콘

빅토리아 시대 타일 작품에 묘사된 아서왕의 죽음.

스탄티노플이나 성지 예루살렘에서도 아서의 이름이 들려왔습니다.

토머스 맬러리(1408~1471)가 프랑스를 중심으로 유포했던 전설을 번역, 편집해서 윌리엄 컥스턴이 펴낸 『아서왕의 죽음』(1485)에서 아서왕은 이상의 왕이자 기사단의 꽃으로 묘사되고 있습니다. 토머스 맬러리가 토대로 삼았다는 『부르타뉴왕 열전』은 켈트인이 바짝 쫓겨갔던 웨일스나 콘월, 그리고 프랑스의 부르타뉴에 유포되고 있던 전설을 모은 것입니다. 그것에 따르면 아서왕은 로마건국의 시조 아이네아스의 손자인 부루투스(Brutus)의 피를 받은 왕입니다. 그는 브리튼인을 이끌고 앵글로색슨인에게 승리한 뒤, 북방의 픽트족을 시작으로 브리타니아 전역을 지배하고, 또한 갈리아로 전진해 로마에 맞먹는 대제국을 건설했습니다. 물론 『부르타뉴왕 열전』은 전설이지만, 중세 영국에서는 진실이라고 믿어지던 이야기이기도 했습니다.

영국에서의 아서왕의 계보

영국 왕가에는 아서라는 이름을 가진 인물이 자주 등장합니다. 아서왕 전설이 가장 유행했던 것은 헨리 2세와 엘레아노르의 궁정인데, 엘레아노르는 아서왕 전설의 기사들을 모델 삼아 헨리 2세의 궁정을 만들어가려 했습니다. 두 사람 사이에서 태어난 셋째 아들 부르타뉴공 조플로이(Geoffroy)의 큰아들이 아서왕에 감화받아 아서(Arthur)로 이름지어졌습니다. 그는 셰익스피어의 「존왕」에도 등장하는데, 존왕에 의해 죽음에 몰리는 비운의 인물입니다.

또한 튜더 왕조의 창시자이자 웨일스의 피를 받은 헨리 7세(재위 1485~1509)의 황태자가 아서입니다. 그는 14살에 캐서린 오브 아라곤(Catherine of Aragon)과 결혼하지만 다음 해에 15살로 세상을 떠나고 말았습니다. 캐서린이 재혼한 헨리 8세(재위 1509~1547)는 아서의 다섯 살 아래 동생입니다.

빅토리아 시대를 대표하는 계관시인인 앨프리드 테니슨(Alfred Tennyson, 1809~1892)은 맬러리의 『아서왕의 죽음』을 토대로 Idylls of the King(「국왕목가」)을 썼습니다. 시의 첫머리에서 아서왕은 겸

캐서린 오브 아라곤 영국왕 헨리 8세의 첫 왕비(헨리 8세는 평생에 여섯 번 결혼했다). 아라곤왕 페르난도 2세와 카스티야 여왕 이사벨 1세의 막내딸로, 영국왕 헨리 7세의 맏아들 아서와 결혼했으나 결혼 5개월 만에 남편과 사별하고, 아서의 동생이 헨리 8세로서 즉위하자 그와 재혼하였다. 몇 명의 자녀를 낳았으나 딸 메리(나중의 메리 1세, 일명 블러디 메리)만 남고 모두 일찍 죽었다. 처음에는 좋았던 부부 사이는 아들을 낳지 못한 것이 원인이 되어 점차 멀어졌으며, 1531년 이후에는 별거하게 되었다. 1534년 헨리 8세는 그녀와 이혼하고 시녀였던 앤 불린과 결혼하려 했다. 그러나, 당시엔 이혼을 하려면 로마 교황청의 승인이 있어야 했다. 교황청이 이혼에 반대하자 헨리 8세는 교황청과의 관계를 끊고 영국국교회(성공회)를 만들었다. 1533년에 헨리 8세가 앤 불린과 결혼하자 캐서린은 결국 왕비의 지위를 잃었으나 끝까지 합법적인 왕비임을 주장하며 의연한 태도를 보였다. 1536년에 51살을 일기로 헌팅던의 킴볼튼성에서 죽었는데, 그녀가 죽었을 때 헨리 8세는 애도하기보다는 그녀의 죽음으로 인해 전쟁의 위험이 사라졌음을 신에게 감사했다고 한다. 교양이 높고 신앙심이 깊었으며, 고운 심성과 불굴의 용기를 가졌던 캐서린은 "잉글랜드를 다스렸던 그 어느 여왕보다도 사람들에게 사랑받았다"고 묘사된다. 헨리 8세의 명령으로 피터버러 대성당에 묻혔다.

허하고, 현명하고, 상냥하고, 파벌에 치우지지 않고, 그 지위에도 불구하고 야심이나 쾌락에 빠지지 않는, 정말이지 나무랄 데 없는 이상의 왕이었다고 노래되며, 또한 왕의 죽음은 일식에 의해 세계에 그림자가 드리운 듯 느껴지는 일이라고 노래되고 있습니다. 테니슨의 시의 이 부분은 1862년에 발표된 것으로, 1861년 12월 14일에 세상을 떠난 프린스 앨버트(1819~1861)에게 바쳐진 것입니다.

19세기는 유럽 각지에서 낭만주의적 민족주의 경향이 강했던 시대였습니다. 영국에서도 자국의 신화나 전승에 대한 관심이 강해져, 아서란 이름을 시작으로 아서왕 전설에 등장하는 인물의 이름이 수없이 부활했습니다.

영원한 연인, 왕비 귀네비어

제니퍼(Jennifer)는 아서왕의 비 귀네비어(Guinevere)에서 비롯된 이름입니다. 귀네비어(Guinevere)는 원탁의 기사들의 동경의 대상이자 영원한 연인입니다. 랜슬롯과의 불륜에 빠져 원탁의 기사들을 불화에 빠뜨리고 왕국을 멸망으로 이끈 '운명의 미녀' 이기도 합니다.

주위 사람을 매료시키지 않을 수 없는 그녀의 아름다움은 결국 자신에게도 주위 사람들에게도 파멸을 초래했습니다. 이 이야기에서 영어에는 the fatal beauty of Guinevere(귀네비어의 운명적 아름다움)라는 표현이 생겼습니다. 이 귀네비어 상에는 아키텐의 엘레아노르의 이미지가 투영되어 있다고들 하는데, 그 이미지는 다시 트로이의 헬렌으로 거슬러 올라갈 수 있습니다.

오늘날 영어에서 가장 인기 있는 여성명인 제니퍼(Jennifer)는 금발에 예쁘고, 남학생의 인기의 대상이자 메이퀸이나 치어 리더로 선택될 것 같은 여학생의 이미지가 있습니다. 치어 리더는 학생들의 꽃이자, 좋든 싫든 남학생들의 화제의 중심이 되는, 여학생의 선망의 대상이지요.

이 이름은 12세기 초 무렵부터 인기가 높아졌는데, 특히 할리우드의 여배우 제니퍼 존스(Jennifer Jones, 1919~)에 의해 널리 인기 있는 이름이 되었습니다. 그녀는 「성처녀」(1943) 「종착역」(1953), 「모정」(1955) 「무기여 잘 있거라」(1957) 등에 출연해 높은 인기를 누렸습니다. 제니(Jenny)는 제인(Jane)이나 재닛(Janet)의 애칭이었는

허버트 드레이퍼의 「랜슬롯과 귀네비어」.

데, 1930년 무렵부터는 제니퍼(Jennifer)의 애칭으로 생각하는 사람이 많아졌습니다.

귀네비어(Guinevere)는 노르만인의 영향으로 태어난 프랑스어적인 철자입니다. 오늘날의 웨일스어로는 그웬프위발(Gwenhwyfar)이라고 씁니다. Gwen-은, '하얀, 아름다운, 신성한'이라는 뜻입니다. 흰 색은, 즉 신성한 드루이드를 상징하는 색이었습니다. Gw-는 윗입술을 내밀고 아랫입술을 f나 v처럼 윗니에 대며 발음하는 치찰연구개음으로, f로 바뀌기 쉬운 음이었습니다.

그 귀네비어는 브리타니아의 가장 남서부인 콘월에서는 그웬프위발이라 불렸습니다. 이 이름이 차츰 바뀌어서 제니퍼가 된 것입니다. 콘월은 경치가 멋지고 아름다운 곳으로, 아서왕이 태어났다는 틴타젤성이 있는데, 빅토리아 시대에 로맨틱한 아서왕 전설에 대한 관심에 높아짐과 더불어 제니퍼라는 이름이 널리 쓰이게 되었습니다.

그윈(Gwyn)이나 핀(Finn)은 인도유럽 조어 *weid-(to see)에까지 거슬러올라갈 수 있는 이름입니다. 즉, Gwyn의 뜻인 '하얀(white)'은 '눈에 보이는 (visible)'과 통하는 것으로, 사물의 진리와 자연의 원리, 그리고 신의 뜻을 꿰뚫어 볼 수 있음, 그리고 신의 의지를 뜻하는 말이기도 하다고 여겨집니다.

Gwenhwyfar의 제2요소 -hwyfar의 뜻은 확실치 않습니다. 그러나 '영(靈)'을 뜻한다고 여겨지고 있습니다. '낳다'라는 설도 있는데 귀네비어는 원래 풍요의 여신, 또는 태모신이었다고 여겨지고

있습니다. 전설에 따르면 이 여신은 평소에는 지상의 낙원에 몸을
숨기고 있다가 봄이 되면 나타나 오월제의 여왕으로 군림했다고 하
지요.

<h1 style="text-align:center">5.
스코틀랜드 왕가의 조상들</h1>

달리아다의 왕들

남성명 케네스(Kenneth), 도널드(Donald), 퍼거스(Fergus)는 특히 스코틀랜드적인 이미지가 강한 이름입니다. 케네스는 역사적으로 증명된 스코틀랜드 최초의 왕국인 달리아다의 초대 왕이고, 도널드는 2대째 왕, 그리고, 퍼거스는 달리아다 왕조의 전설적인 시조의 이름입니다. 달리아다란 당시 로마인으로부터 스코티아(Scotia)라 불리던 아일랜드 북부의 왕국 이름인데, 이 나라 왕족이 오늘날의 스코틀랜드 남서부로 옮겨와서 그 땅을 고향 이름에서 따와 달리아다라고 지었다고 여겨지고 있습니다. 달리아다라는 이름의 뜻은 '구름이 많은 땅'으로, 아일랜드를 뜻하는 지명이었지요.

정력좋은 거인 퍼거스

기원 1세기 무렵의 인물을 소재로 한 아일랜드의 신화적 영웅

전설에 따르면, 퍼거스 맥클로이흐(Fergus mac Roich)라는 북부 아일랜드의 영웅왕이 있었습니다. 그는 거인 같은 체구에 700명 분의 힘을 갖고 있고, 한 끼에 일곱 마리 사슴과 일곱 마리 돼지와 일곱 마리 소를 먹어치우고 일곱 개의 큰 술통의 술을 비웠다고 여겨지고 있습니다. 또한 그는 무지개처럼 뻗치는 마법의 칼을 갖고 있었습니다. 그런 퍼거스는 붉은 지팡이 기사인 쿠쿨린의 양아버지(foster father)이기도 했습니다.

퍼거스(Fergus)는 게일어로는 퍼거스(Fearghas)입니다. fear(사내)와 gus(힘)로 이루어진 이름으로, '용자(勇者)'나 '강자'를 뜻하는 이름이었습니다. fear는 라틴어 vir(남자)와 동족 언어로, 생식력으로서의 남성원리를 뜻하는 말이기도 합니다. 퍼거스는 사슴과 소의 여신 플리두스(Flidais)의 남편으로 정력좋은 남자였습니다.

스코틀랜드 초대 국왕 케네스

케네스(Kenneth)는 12세기부터 특히 인기 있는 이름이 되어, 널리 영국이나 미국에서도 쓰이고 있습니다. 켄(Ken)이나 케니(Kenny)는 케네스의 애칭형입니다.

스코틀랜드에 많은 성인 매켄지(McKenzie)는 '케네스의 아들'이라는 뜻입니다. 케네스라는 이름은 특히 성 케네스(515?~599?)에 감화받은 스코틀랜드 왕족들 사이에서 쓰이던 이름입니다. 성 케네스는 픽트족의 그리스도교화에 힘쓴 인물로 스코틀랜드의 사도라 불린 이오나의 성 콜룸바의 친한 친구이자 동료였습니다.

케네스 1세(Kenneth I MacAlpin, 재위 842~858)가 처음으로 스코틀랜드 왕국이라 부를 수 있는 나라를 건설했던 사실에서 케네스(Kenneth)란 이름은 애국적인 느낌을 갖게 되었는데, 케네스 1세가 성 콜룸바의 유골을 정치 중심지인 스쿤 근처로 옮기고 그 땅을 스코틀랜드의 그리스도교 신앙의 중심지로 했던 것도, 나중에 그리스도교도들이 선호하는 이름이 된 이유입니다.

케네스 1세의 이름은 게일어로는 키네즈(Cinaed), 또는 카니에프(Cainnech)입니다. 전자에 경우, 이 이름의 뜻은 '불에서 태어난 이'이고, 후자의 경우는 '빛깔 흰'이나 '아름다운'입니다. 이 이름은 라틴어로 카니시우스(Canisius)가 되었고, 이 라틴어에서 카니스(Canice)라는 이름이 태어났습니다.

한편 MacAlpin의 Alpin은 켈트인의 개인명으로 픽트족 역대 왕들의 이름이었는데, 어원은 알 수 없습니다.

스코틀랜드인의 애칭 하일랜드 도널드

도널드(Donald)는 스코틀랜드계 사람들에게 아주 인기가 높은 이름입니다. 스코틀랜드 남부의 산악지대인 하일랜드 지방에서 스코틀랜드 일대에 퍼진 이름으로, Highland Donald는 스코틀랜드인의 애칭이기도 합니다. 이 이름은 고대 게일어 dubno(세계)와 영문 val(지배)로 이루어진 이름 돔날(Domhnall)이 영어화한 것입니다. Donald의 -d는 -ll이 원래 -d로 들리는 경향이 있던 것과 게르만계 이름 Ronald의 -d 등의 영향이 겹친 것입니다.

맥도널드(MacDonald)는 '도널드의 아들'이라는 뜻의 성입니다. 스코틀랜드의 하일랜드 지방은 산으로 가로막혀 다른 지역과의 교류가 적어서 혈족을 기반으로 한 지역 집단이 태어났는데, 이것을 클랜(씨족)이라 불렀습니다. 클랜은 로마가 브리타니아에서 물러난 뒤, 세력을 다투며 스코틀랜드 사회를 형성하고 있었습니다. 클랜의 가장은 생사여탈권을 쥘 정도의 힘을 가졌고, 클랜은 강한 단결력을 갖고 있었습니다. 스코틀랜드 민족의상으로 알려져 있는 타탄은 각각의 클랜의 단결의 상징이었습니다. 맥도널드는 그 클랜 중에서도 가장 오래되고 유력한 클랜입니다.

북유럽과 비잔틴을 잇는 러시아

종교의 커다란 역할

러시아어는 슬라브어권의 가장 유력한 언어입니다. 그 러시아어의 모체로서 슬라브어가 쓰이고 있는 지역은 서슬라브어권, 동슬라브어권, 남슬라브어권의 세 개로 나눌 수 있습니다. 서슬라브어권에는 체코, 슬로바키아, 폴란드가 포함되고 동슬라브어권에는 러시아, 우크라이나, 벨라루시가, 그리고 남슬라브어권에는 불가리아, 마케도니아, 세르비아, 크로아티아, 슬로베니아가 포함됩니다.

이들 세 슬라브어권의 언어적 분화는 게르만어나 여러 로맨스어(라틴어가 분화하여 이루어진 언어를 통틀어 이르는 말 — 옮긴이)만큼은 진행되지 않았습니다. 또한, 슬라브어권에 그리스도교를 포교하기 위해 9세기에 고안된 고(古) 교회 슬라브어라는 역사적 공통어도 있어, 슬라브인의 다른 슬라브어권 지역 사람과의 커뮤니케이션은 쉽지는 않았지만, 불가능하지도 않았습니다.

세 개의 슬라브어권의 각각의 문화적 특징을 만들어낸 데에 커다란 역할을 한 것은 종교라 할 수 있습니다. 서슬라브어권은 신성로마제국의 영향을 받아 가톨릭을 받아들였습니다. 동슬라브어권은 비잔틴 제국의 영향을 받아 그리스정교를 받아들였습니다. 남슬라브의 경우는 사정이 복잡합니다. 남슬라브어권과 동슬라브어권은 아시아계인 헝가리와 라틴어를 기원으로 하는 로맨스어를 쓰는 루마니아를 사이에 두고 분리되어 있습니다.

남슬라브어권 가운데 콘스탄티노플에 가장 가까워 교통이 편리했던 불가리아는 그리스정교를 받아들여 러시아에 강한 영향을 주었습니다. 고 교회 슬라브어는 불가리아와 마케도니아 방언을 모체로 하고 있습니다. 그러나, 산악지대가 펼쳐져 다양한 세력이 분립했던 발칸의 각 나라에서는 가톨릭, 그리스정교, 이슬람교가 뒤엉켜 오늘날까지도 민족 분쟁이 끊이지 않습니다.

여기서는 슬라브어권의 패자라고 말해야 할 러시아인에 많은 이름인 올레그(Oleg), 올가(Ol'ga), 이고르(Igor'), 엘레나(Elena), 일레네(Irene), 바실리(Vasilij), 보리스(Boris), 글레브(Gleb), 야로슬라프(Yaroslav), 블라디미르(Vladimir) 등의 유래를 보며 슬라브 민족과 그 주위 민족과의 교류를 거쳐 형성된 러시아인의 의식을 엿보아 볼까요.

이름에 보이는 스칸디나비아적 러시아의 기원

러시아(Russia)의 기원에 관해서는, 『러시아 원초연대기』에 전설적으로 기록되어 있습니다. 그것에 따르면, 862년 무렵에 바랴그라 불렸던 바이킹의 일파 루시(Russi)가 오늘날의 러시아 땅을 다스리기 위해 불려갔고, 그 루시 씨족의 우두머리인 류릭(Ryurik)이 노브고로드를 거점으로 세력을 확장했습니다.

Russia는 영어의 row(젓다)나, rudder(배의 키)와 같은 계열의 말로, 고대 북유럽어 roa(젓다)에서 rothr(젓는 일), rothsmenn(항해자), 고대 러시아어 Rus(북유럽인)를 거쳐 성립한 말입니다.

러시아가 바랴그의 류릭에 의해 건국되었다는 전설에는 다른 의견도 있습니다. 그러나, 건국에 관련된 공(公)들이나 비(妃)의 이름

러시아어의 모체로서의 슬라브어가 쓰이고 있는 나라들. 러시아, 우크라이나, 벨라루시는 동슬라브어권이고, 체코, 슬로바키아, 폴란드는 서슬라브어권, 그리고 불가리아, 마케도니아, 세르비아, 크로아티아, 슬로베니아는 남슬라브어권이다.

은 명백하게 북유럽적입니다. Ryurik은 북유럽계 이름인 로드릭(Roderick)의 변화형입니다. Ru-는 Robert의 Ro-와 같고, -rik은 Heinrich의 -rich와 같지요.

류릭의 후계자로 남쪽의 키예프를 수도로 삼은 올레그(Oleg, 재위 882~912)는 북유럽계의 헬게(Helge)가 변화한 것입니다. 이 이름의 어원은 고대 북유럽어 heill(완전한, 건강한, 행복한)에서 파생한 heilagr(번영)인데, 이 말은 '축복받았다'나 '신성한'을 뜻하는 이름으로 쓰이게 되었습니다.

제2대째 키예프 대공 이고리(Igor', 재위 912~945)는 북유럽의 잉그바르(Ingvar[원뜻 : 프레이르의 전사])에서 바뀐 것입니다. 이고리의 비 올가(Ol'ga, ?~969)는 헬게(Helge)의 여성형 헬가(Helga)가 변화한 것입니다. 올가는 남편이 죽은 뒤 아들의 섭정으로 콘스탄티노플을 방문해 그리스도교로 개종했습니다. 그녀의 세례명은 '진정한 십자가'를 발견한 헬레나에 감화받은 엘레나(Elena)입니다. 러시아의 그리스도교화에 힘쏟아 성인의 반열에 오른 올가의 이름은 오늘날에도 러시아인에게 쓰이고 있습니다.

그리스정교에 통제되었던 러시아인의 이름

바랴그들이 향했던 최종 목적지는 콘스탄티노플이었습니다. 그들은 비잔틴 제국에서 용병으로 일하면서 문화적으로는 비잔틴의 영향을 강하게 받았습니다. 이고리의 비 올가는 그리스도교로 개종하고, 그의 손자인 키예프 대공 블라디미르(재위 980~1015)는 러시아를 그리스도교화했습니다.

이후 러시아는 문화적·종교적으로 비잔틴과 강한 유대로 묶여 1453년에 비잔틴 제국이 멸망한 뒤 비잔틴의 후계자를 자칭하고 제3제국이라 일컬었습니다. 제1제국은 고대 로마 제국, 제2제국은 비잔틴 제국입니다.

그리스도교화한 뒤로 러시아에서는 차츰 세례명이 제1명으로 쓰이게 되었습니다. 그것은 이반(Ivan), 미하일(Mikhail), 마리야(Mar'ya) 처럼 성서에 등장하는 인물이나 바실리(Vasilij), 유리(Yurij), 엘레나(Elena), 이레네(Irene)처럼 그리스에서 기원한 성인 이름입니다. 안토니(Antonij), 세르게이(Sergej), 콘스탄틴(Constantin) 처럼 라틴어에서 기원하는 성인 이름도 많이 쓰였습니다.

한편 북유럽에서 기원한 이름은 올가, 올리가, 이고리 등을 빼고는 별로 쓰이지 않게 되었습니다. 슬라브에서 기원하는 이름도 블라디미르(Vladimir), 야로슬라프(Yaroslav), 보리스(Boris) 등 성인으로 분류된 인물에 감화된 극히 제한된 것이 되었습니다.

그것은 그리스정교회가 이름을 짓는 범위를 고대 교회 슬라브어화한 성인들의 이름, 즉 히브리어에서 유래하는 성서명이나 그리스나 라틴어에서 기원하는 성인 이름으로 한정했기 때문입니다.

고 교회 슬라브어란 슬라브의 사도로 불리는 키릴로스(Kyrillos)와 메토디오스(Methodios) 형제가 그리스어 성서를 마케도니아에서 쓰이고 있던 슬라브어(불가리아, 마케도니아 방언)로 번역하기 위해 고안한 문어(文語)입니다. 문자는 그리스 문자를 변화시킨 것을 썼습니다. 현대 러시아어는 키릴 문자로 표기되는데 키릴이란 고안자 키릴로스에서 말미암아 붙여진 이름이지요.

이후 고 교회 슬라브어는 대량의 문헌을 남겼으며 러시아에서는 세속의 일상어였던 고대 러시아어에 맞서 수준높은 문화를 담당한 언어로서 교회쪽을 중심으로 통용되었습니다. 그리고 러시아인의 이름에서도 그 영향을 볼 수 있습니다. 영어명 조지(George)는 그리스어로는 게오르기오스(Georgios)이고, 러시아어로는 게오르기(Georgij)나 유리(Yurij) 등으로 변화합니다. 게오르기는 고 교회 슬라브어적이고 유리는 고대 러시아어적입니다.

슬라브의 샤를마뉴, 야로슬라프 현공

비잔틴에서는 슬라브인을 스크라보스(Sklavos : 외인, 노예)라 불렀습니다. 이것은 흑해 북부 해안까지 세력을 넓히고 있던 비잔틴 제국이 그들을 노예로 끌고 돌아간 사실에서 비롯된 것입니다. 영어로 노예를 slave라 하는데, 이것은 그리스어 Sklavos가 라틴어, 프랑스어를 거쳐 들어온 것입니다. 거기에는 신성로마제국의 오토대제 이후 슬라브인에의 포교에 힘을 쏟음과 동시에 그들을 많이

12세기의 키릴 문자가 새겨진 조각(불가리아).

노예로 끌고 돌아간 사실이 크게 영향을 미치고 있습니다.

이런 굴욕을 받아들인 슬라브인의 Slav의 어원은 고(古) 슬라브어 slovo(언어)와 관계지어지고, 이론적으로는 또한 인도유럽 조어 *kleu-(듣다)로 거슬러 올라갈 수 있습니다. 이 인도유럽 조어에서 나온 동족어에는 독일적인 이름 루트비히(Ludwig)의 Ludo-의 어원 Hludo-(유명한, 명예로운)나 헤라클레스(Heracles)의 -cles의 어원인 그리스어 kleos(명예)가 있습니다.

Slav(슬라브)도 원래는 '명예'를 나타내는 말이며, 러시아인의 가장 전통적인 이름에는 야로슬라프(Yaroslav), 블라디슬라프(Vladislav), 보리슬라프(Borislav), 그 밖에 -slav를 가진 이름이 많이 있습니다.

야로슬라프(Yaroslav)는 키예프 공국의 성 블라디미르 1세의 아들 야로슬라프 1세(재위 1019~1054)에 감화받은 이름으로, 슬라브 세계에서 특히 인기가 있는 이름입니다. 그는 서유럽의 샤를마뉴 대제에 비유됩니다. 키예프에 소피아 교회, 자신의 세례명을 딴 성 게오르기 수도원, 공비의 세례명을 딴 일리나 수녀원 등을 짓고 그리스도교 보급에 힘썼습니다. 또한, 발트해에서 흑해 연안까지 국토를 넓히고, 폴란드와 마자르를 압도하고, 모든 러시아의 지배자로서 법전을 정비하고 키예프ㆍ러시아의 긴 번영의 시대를 닦았습니다.

야로슬라프에게는 또한 많은 자식이 있었는데, 그 가운데 안나를 프랑스왕에게, 엘리사비에를 노르만왕에게, 그리고 아나스타샤

를 헝가리왕에게 시집보냈습니다. 이런 인척의 광범위함을 보더라
도 야로슬로프가 얼마나 커다란 영향력을 갖고 있었는지를 알 수
있습니다.

Yaroslav의 Yaro-는 봄이나 젊음을 뜻하는 고대 슬라브어 jaro(봄)
입니다. 그것은 슬라브 민족 신화에서 기쁜 봄의 신이자, 다산과 풍
요의 신인 야릴로(Yarilo)로 이어지는 말이기도 합니다. 벨라루시에
전해오는 민요에서 야릴로는 젊고 아름다우며, 하얀 옷을 입고 백
마를 타고, 머리에는 야생화로 만든 화관을 쓰고, 왼손에는 보리 이
삭을 들고 있습니다.

이런 야릴로의 성격은 그리스 신화의 에로스의 영향을 받은 것
이기도 하며, Yarilo는 Eros의 러시아적 표기 Erilo가 어원이라는 설
이 있습니다. 러시아적인 Yaroslav는 폴라드어로는 야로스바프

야릴로　　슬라브 신화에 나오는 풍요의 신이자 자연과 봄의 빛을 깨우
는 밭의 신, 또는 애욕의 신. 야로비트 또는 야로미르라고도 한다. 겨울에 한파를 일
으키는 신인 벨레사가 봄이 되면 야릴로로 변한다는 설도 있고, 벨레사의 아들이 야
릴로라는 설도 있다. 야릴로의 날은 화요일이고 달은 3월, 돌은 호박, 루비, 석류석
적철광이며 금속은 철이다. 벨라루시의 전통 의식에서 야릴로는 '야라─야릴리히'
라는 이름으로 나오는데, 커다란 남근을 가진 남자의 모습을 하고 있었다. 야릴로
숭배는 중세의 서(西)슬라브인들에게 나타났는데, 이것은 고대 로마의 죽어가는 또
는 부활하는 풍요의 신 숭배와 무척 비슷하다. 특히 봄에 열매를 맺히게 하는 근원
인 디오니소스 숭배와 흡사하다. 야릴로(야로비트)는 씨앗이 열매를 맺는 힘과 관계
가 있기 때문에 봄에 러시아에서는 '야릴로의 장례식'이라는 의식이 널리 퍼져 있
었다.

(Jaroslaw), 체코어로는 야로슬라프(Jaroslav), 여성명은 야로슬라바
(Jaroslava)가 됩니다.

러시아의 첫 순교자, 성 보리스와 글레브

보리스(Boris)는 러시아에서 가장 전통적인 이름의 하나이며, 모
스크바의 수호성인 보리스(?~1015)에서 감화받은 이름으로 러시아
에서는 오늘날에도 널리 쓰이고 있습니다.

성 보리스는 성왕 블라디미르 1세가 비잔틴 황제 바실레이오스
2세의 여동생 안나(Anna)와 결혼하기 전에 결혼했던 불가리아 여성
과의 사이에 태어난 아들입니다. 그 이름은 불가리아 최초의 그리
스도 교도인 왕 보리스 1세(Boris I, 재위 852~889)에 감화받은 이
름이라 여겨집니다.

불가리아의 보리스 1세는 비잔틴 제국과 프랑크 왕국, 그리고
로마 황제의 역학관계를 교묘히 이용하면서 그리스정교를 받아들여
불가리아를 그리스도교화한 인물입니다. 그는 그리스정교를 받아들
이면서도 비잔틴 제국에 귀속하지 않고 슬라브인에 의한 교회의 성
립에 성공해 슬라브적인 불가리아의 독립성을 훌륭하게 지켜냈습니
다. 보리스 1세의 정책은 슬라브인에게 커다란 꿈과 희망을 줌과
동시에 아들 시메온(Simeon)이 이룩한 불가리아 전성시대의 발판을
만들었습니다. 또한 보리스는 60살이 넘어 아들에게 황제 자리를
물려준 뒤에는 수도사가 되는데, 그 또한 그가 슬라브 지역에서 강
한 존경을 받는 이유가 되었습니다.

불가리아왕 보리스 1세의 이름은 일반적으로는 Boris라는 철자를 쓰는데 이 이름은 터키계 말로는 Bogoris로, '작은'이라는 뜻의 부가명이었습니다. 슬라브 민족 사이에서는 일반적으로는 보리슬라프(Borislav)의 단축형이라 여겨지고 있습니다. Borislav는 슬라브어의 bor(싸우다)와 -slav((영광)가 합쳐진 이름입니다.

보리스의 순교에 관해서는 『러시아 원초연대기』에 다음과 같은 이야기가 있습니다. 블라디미르 성왕에게는 열두 명의 아들이 있었는데 그들은 키예프 · 러시아의 각 지방의 공이 됩니다. 키예프 대공에게는 블라디미르 사후에 장남 스뱌토폴크가 생겼습니다. 그러나 사람들의 사랑은 여덟 번째 아들인 보리스에게 쏠렸습니다. 인심이 보리스에게 쏠리자 자신의 지위가 위험하다는 것을 알아차린 형 스뱌토폴크는 군사를 보리스에게 보냈습니다. 보리스는 군사를 모아 스뱌토폴크를 치라는 권유를 받지만, 큰형에게 반기를 드는

불가리아의 보리스 1세.

것은 죄라며 거절했습니다. 그리고 적에게 둘러싸인 보리스는 예수 그리스도처럼, 신에게 기도하며 무저항 속에 죽임을 당합니다.

성 보리스의 바로 아랫동생 글레브(Gleb)도 보리스와 마찬가지로 신앙심이 깊고 보리스를 따르고 있었습니다. 스뱌토폴크는 그런 글레브에게도 보리스에게 그랬듯이, 카인의 마음을 품고 자객을 보내 저항하지 않는 글레브를 암살하고 맙니다.

이렇게 해서 스뱌토폴크의 희생이 되었던 보리스와 글레브는 러시아 최초의 순교자로 숭배되게 되고 스뱌토폴크는 '저주받은 자'가 되었습니다.

보리스와 글레브를 성인으로 추앙한 이는 그들의 바로 위의 형인 야로슬라프 1세입니다. 야로슬라프 1세의 세례명은 게오르기(Geogij)인데, 『러시아 원초연대기』 8장의 「스뱌토폴크의 치세」를 보면 보리스에게 던져진 최후의 창으로부터 그를 지키기 위해 보리스를 자신의 몸으로 감싸 덮었다가 창에 찔려 죽은 하급생사 게오르기가 묘사되어 있습니다. 그리고 그 책에서 보리스와 글레브는 "두 사람은 루시의 나라의 수호자이자, 자신들의 백성을 위해 언제나 주에게 기도하는 빛나는 등불이다"라고 찬양되고 있습니다. 그 뒤로 보리스와 글레브는 러시아에서 가장 존경받는 성인이 되었습니다.

『러시아 원초연대기』「알렉산드르 네프스키전」에도 알렉산드르가 "언제나 성스러운 수난자 보리스와 글레브를 깊이 믿고 있다"고 적혀 있으며 또한, 알렉산드르가 스웨덴군과 맞닥뜨렸을 때 알렉산드르군을 돕기 위해 진홍색 옷을 걸친 보리스와 글레브가 나타났다고도 적혀 있습니다.

보리스는 오늘날에는 러시아의 전 대통령이었던 옐친(Boris Nikolayevich Yeltsin, 재임 1991~1999)을 연상시키는 이름입니다. 보리스란 이름을 가진 인물로는 또한, 독일의 프로 테니스 선수로 윔블던에서 세 번이나 잇달아 우승했던 보리스 베커(Boris Becker, 1967~)가 잘 알려져 있습니다. 독일의 스포츠 카로 유명한 포르셰(Porsche)는 Boris에서 보리소프(Borisov)를 거쳐 파생한 독일어 이름입니다.

포르셰는 원래는 다임러 벤츠사의 설계사였던 페르디난트 포르셰(1875~1951)가 설립한 회사 이름이었습니다. 러시아어 보리소프(Borisov)에서 변화한 독일어명에는 그 밖에 보르셰(Borsche), 보르슈케(Borschke), 보르치히(Borzig) 등이 있습니다.

또한 성 보리스의 세례명은 로마누스(Romanus)였습니다. 이 이름은 야로슬라프의 세례명 게오르기처럼 러시아인 사이에서 인기 있는 이름이 되었고, 성(姓)인 로마노프(Romanov)는 1613년부터 러시아 혁명이 일어난 1917년까지 러시아를 지배했던 왕조이름 로마노프로서 오늘날에도 러시아적인 이름으로 알려져 있습니다.

러시아에 그리스정교를 받아들인 성 블라디미르

블라디미르(Vladimir)는 키예프 공국의 대공으로 그리스정교를 러시아 국교로 인정한 블라디미르 1세에 감화받아 슬라브권에 퍼진 이름입니다. 블라디미르 대공 재위 무렵에 비잔틴 제국은 전성기를 맞이했는데, 당시 황제는 바실레이오스 2세(Basileios II, 재위 976~1025)였습니다.

바실레이오스 2세는 제국 안의 반역자를 제압하기 위해, 당시 북으로는 핀란드에서 남으로는 상업의 요충지인 크리미아 반도 부근까지 광대한 지역을 세력권에 두고 있던 블라디미르 대공에게 도움을 청했습니다. 그 때문에 황제는 여동생 안나(Anna)를 대공에게 시집보내고 블라디미르와 안나의 결혼을 계기로 그리스도교로 개종했습니다. 그는 이복형의 이름인 바실레이오스를 세례명으로 삼았습니다. 오늘날 바실리(Vasilij[원뜻 : 왕])는 특히 러시아적인 이름의 하나로 알려져 있습니다.

블라디미르 1세는 예전에는 여러 명의 처첩을 거느렸고 전쟁을 좋아했으며, 엄청난 술꾼이었다고 합니다. 그러던 그는 그리스도교로 개종함과 동시에 영내에서의 사형을 폐지하고 고아와 가난한 이, 병든 이의 구제에 힘을 쏟았습니다.

키예프 공국의 블라디미르 1세.

『러시아 원초연대기』 7장 「블라디미르의 치세」 마지막에는 방탕한 생활을 하던 그가 오로지 회개하며 수도사 같은 생활을 했다고 기록되어 있습니다. 그리고 "모든 그리스도교도가 얻을 수 있는 한량없는 기쁨을 모든 이의 노력에 응답해 보답하시는 위대한 '신'과 우리의 구세주 예수 그리스도의 희망"을 러시아 백성에게 알렸다고 찬양되고 있습니다.

Vladimir의 Vladi-는 고대 슬라브어 volod(지배)와 meri(위대한, 이름높은)로 이루어진 이름입니다. -mir는, 평화왕이라 불렸던 폴란드의 카시미르 1세(Casimir I, 재위 1034~1058)의 -mir와 같은 것으로, 슬라브계 이름에 많이 보이는 구성요소입니다. 카시미르 1세의 영향도 있어, -mir는 중세 이후 '평화(peace)'나 '세계(world)'라는 뜻으로 해석되어 왔습니다. 블라디미르는 오늘날 러시아뿐만 아니라 슬라브 세계에서 가장 인기 있는 이름으로, 프라하의 전화번호부를 봐도 특히 많은 이름입니다.

북유럽에 많은 이름 발데마르(Valdemar)의 Valde-는 고대 북유럽어 valda(지배)와 -mar(이름높은, 위대한)로 이루어진 이름으로, 슬라브인의 이름 블라디미르(Vladimir)와 동족인 이름입니다. 이 이름은 바이킹 시대의 혼란기를 거쳐 처음으로 덴마크를 통일하고 번영의 한때를 구축한 대왕 발데마르 1세(재위 1157~1182)에 감화받은 이름으로서 북유럽에 퍼졌습니다.

발데마르 1세의 어머니는 노브고로드에서 시집온 잉게보르그(Ingeborg)입니다. 그녀의 조상은 북유럽의 바이킹인데, 키예프 공국의 대공으로서 동경하는 동로마 황제의 여동생과 결혼까지 하게 된 성왕 블라디미르에 감화받아 아들의 이름을 발데마르로 했던 것입니다.

승리왕 발데마르에 관해서는 다음과 같은 전설이 있습니다. 에스토니아 원정에서 덴마크군이 궁지에 몰렸는데, 그때 갑자기 하얀 십자가가 붙은 핏빛 깃발이 하늘에서 내려왔습니다. 그것을 본 덴마크군은 신의 축복이 내렸다고 여기며 전력을 다해 반격에 나섰고 마침내 승리를 거두었던 것입니다. 이 고사에 따라 붉은 바탕에 흰 십자가가 덴마크 국기로 정해졌습니다.

마치며

    이 책을 쓰며 마음먹었던 것은, 유럽인의 전통적인 이름의 어원을 더듬어가며 그들 이름의 유래를 찾으면서 유럽인의 발상과 가치관, 사회관 등을 알아보자는 것이었습니다. 몇 개인가의 원류에서 차츰 유역의 물을 합쳐 커다란 강이 되어가는 유럽 문화의 모습을 그리려는 것이기도 했습니다.

    그 일은 저처럼 얕은 지식을 가진 사람에게는 힘든 일이었습니다. 편집자와는 2년 만에 쓰기로 약속했음에도 불구하고 두 배의 세월이 걸리고 말았습니다. 그 동안 많은 분들로부터 가르침을 빌렸고, 그때마다 따뜻한 지도를 받아 드디어 책을 내게 되었습니다. 마음이 놓임과 동시에 고마운 마음 가득합니다.

    이 책을 보고 문화적 유럽상이 그려진다면, 그것은 지은이인 제가 그린 유럽상에 지나지 않습니다. 그것도 이름이라는 안경을 끼고 본 '유럽상' 입니다. 그것을 잊지 말고, 독자 여러분 나름의 유럽상을 작성하는데 도움이 된다면 좋겠습니다. 또한, 이 책은 신서라는 지면 탓에 유럽 인명 중 가장 전통적인 이름만을 기술했습니다. 이들을 포함한 다른 수많은 유럽 사람의 이름에 관해서는 곧 발행할 예정인 『유럽인명어원사전』을 참조해 주십시오.

이 책을 쓴 **우메다 오사무梅田 修**는 1941년 효고현 아카시시에서 태어났다. 교토가쿠게이대학 영문과를 졸업하고, 몬태너 주립대학 교육학부 석사과정 수료. 무코가와여자대학 조교수를 거쳐, 지금은 유통과학대학 정보학부 교수로 일하고 있다. 『영어어휘사전』, 『영어어원 이야기』, 『영어어원사전』(다이슈칸쇼텐大修館書店 펴냄), 『지명으로 읽는 유럽』(고단샤講談社 펴냄) 등 지은 책이 많다.

이 책을 우리말로 옮긴 **위정훈**은 고려대학교 서어서문학과를 졸업하고, 출판사 편집자를 거쳐 영화주간지 「씨네21」에서 기자생활을 했다. 2003년부터 2년 동안 도쿄대 대학원 총합문화연구과 객원연구원으로 유학했다. 지금은 출판기획과 번역을 하고 있다. 옮긴 책으로 『뿌리깊은 지명이야기』가 있다.

이 책에 삽화를 그린 **배영헌**은 1975년 경남 고성에서 태어나 고려대학교 신문방송학과를 졸업했다. 한겨레 만화학교를 수료하고 현재 홈페이지 (www.cyworld.com/baeuri50)에 작품을 연재하고 있다.

뿌리깊은 인명이야기

지은이 _ 우메다 오사무
옮긴이 _ 위정훈
펴낸이 _ 강인수
펴낸곳 _ 도서출판 **피피에**

초판 1쇄 발행 _ 2006년 9월 1일

등록 _ 2001년 6월 25일 (제1-2881호)
주소 _ 110-051 서울시 종로구 도렴동 117-1 성완빌딩 501호
전화 _ 02-733-8668
팩스 _ 02-732-8260
이메일 _ papier-pub@hanmail.net

ISBN 89-85901-42-7 03900

잘못 만들어진 책은 바꾸어 드립니다.
값은 뒷표지에 있습니다.